Estar bien

Santiago de Quiroga

Estar bien

Las claves que hacen que la vida merezca la pena

alienta
EDITORIAL

Alienta es un sello editorial de Centro Libros PAPF, S. L. U.
Grupo Planeta
Av. Diagonal, 662-664
08034 Barcelona

www.planetadelibros.com

Diseño de cubierta: Microbio Gentelman
Imágenes de cubierta: ©Stockbyte y ©Philipp Nemenz - Getty Images

ISBN: 978-84-15320-92-0
Depósito Legal: B. 32.197-2012
Primera edición: enero de 2013
Preimpresión: j3 realizaciones, s.l.
Impreso por T. G. Soler
Impreso en España - *Printed in Spain*

La verdad y la razón son comunes a todos, y no pertenecen más a quien las ha dicho primero que a quien las dice después.

Michel de Montaigne, *Los ensayos*

ÍNDICE

INTRODUCCIÓN

Cada vez son más numerosos los estudios que intentan analizar los elementos clave del bienestar, tratando de descifrar aquello que nos proporciona la base de nuestra felicidad. No voy a tratar de mostrarles en este libro los secretos de la felicidad, una tarea demasiado ambiciosa a la que la humanidad ha dedicado siglos. Haré algo mejor; seré pragmático y revisaré qué hace que la gente esté bien, analizaré los rasgos comunes de la gente feliz, y compartiremos cada uno de los aspectos que podríamos definir como esenciales para nuestro bienestar. Quizás uno de los estudios más interesantes y globales que se han realizado en relación al bienestar se ha llevado a cabo desde el prestigioso Instituto Gallup. Que los rasgos comunes al bienestar sean tan similares en países como Estados Unidos o Zimbabwe es algo que no nos debería sorprender, si hablamos del auténtico bienestar, no del placer pasajero o de una sencilla emoción positiva.

Siendo cautos y tan sólo dando por buenos los estudios y teorías de expertos en la materia, hay varios elementos interconectados y universales que dan sentido a nuestras vidas. El sentido de la vida es la fuerza vital que te llena de energía, de ilusión, de entusiasmo por lo que haces. Por ello parece razonable que las áreas que son más relevantes en nuestra vida nos delimiten nuestro objeto de estudio en este libro. El Instituto Gallup al que hago referencia las definió así: bienestar profesional, bienestar social, bienestar económico, bienestar físico y bienestar de la comunidad (que se refiere a cómo nos ofrecemos a trabajar por el bien común). Una de las conclusiones a las que llegó es que para obtener un bienestar general se debe avanzar en los cinco estados. Uno no puede pretender realizarse y alcanzar la felicidad si se esfuerza sólo en el bienestar económico; necesita otras columnas para sustentar su bienestar. Eso es lo que he buscado en este libro, ofrecer una visión de las claves para estar bien explorando conocimientos y actitudes sobre los que podemos actuar. Para ello he establecido las áreas de estudio que los expertos creen más relevantes y que he resumido en cuatro: la felicidad, el amor de pareja, el cuerpo y la mente. Podríamos resumirlo en la siguiente secuencia: «Mi felicidad se afecta por mi estado físico y autoestima, que me permite relacionarme con alguien y dirigir mi mente hacia donde yo quiero estar». Soy consciente de que me dejo asuntos sin abordar que son clave para *Estar Bien*, como por ejemplo relaciones fraternales familiares de padres e hijos o la vida laboral, que impactan claramente en nuestra felicidad. He preferido sacrificar algunos de estos temas para conseguir menos extensión y que los lectores podáis encontrar respuestas suficientemente elaboradas de una manera más concisa.

Mi vocación por el estudio de los mecanismos por los que los medicamentos actúan en nuestro organismo me ha llevado a ocuparme más de la enfermedad que de la salud. Como farmacéutico, he orientado mi carrera a la comunicación y he trabajado, desde Contenidos e Información de Salud, con algunas de las publicaciones más relevantes para los profesionales médicos y farmacéuticos. Pero sin ánimo de excusarme por dedicarme más a la enfermedad, eso mismo le ha ocurrido a la psicología, que se ha dedicado más a la enfermedad mental y menos al estudio de lo que nos hace felices. Si a la psicología le unimos el papel clave de los médicos psiquiatras, podemos decir que la neurociencia ha avanzado de manera espectacular en los últimos veinte años y estamos en el camino de prevenir mejor, y quizás curar, enfermedades como el Alzheimer, el Parkinson o la depresión. Según el prestigioso psicólogo Martin Seligman, un total de catorce enfermedades de las varias decenas que actúan sobre nuestro cerebro y nuestra mente pueden tratarse razonablemente bien, y dos de ellas pueden curarse. Sin duda el conocimiento y la investigación de la humanidad se han centrado en la enfermedad con un resultado aceptable, pero se ha olvidado de las cosas que hacen que merezca la pena vivir. Esas cosas a las que me refiero hacen que la vida tenga sentido y está en la naturaleza humana buscar nuestro sentido de vida. Por esta razón, la psicología positiva ha emergido con fuerza y ya es una disciplina con derecho propio, un cuerpo de conocimiento basado en el método científico.

En el capítulo 2 abordo la felicidad y el bienestar como metas irrenunciables de la persona sana. Los expertos postulan que cada uno de nosotros tiene un rango de felicidad determinado, un valor máximo y mínimo, como tenemos un peso corporal en el cual nos movemos con ligeras variaciones, dependiendo de si realizamos más o menos ejercicio y de lo que comemos. Nadie es infeliz siempre, ni aquellos que gozan de una vida plena y satisfactoria (y se sienten felices) lo son de una forma duradera y sostenible. Lo que ahora nos ofrecen muchos estudios, y el conocimiento acumulado en los últimos años, es que se pueden alargar los estados de felicidad, y de ello se ocupa la rama de la psicología que se ha centrado en la salud y ha dejado para otros estudiosos la enfermedad. Encontrar ese nivel máximo del rango de felicidad de cada uno es el objetivo de todos, y en este libro propondremos algunas fórmulas para ello. Como ha afirmado Daniel Goleman, por fin la psicología se toma en serio el optimismo, la diversión y la felicidad. Con este objetivo exploraremos lo que llamamos las emociones positivas, el compromiso, el sentido o las relaciones personales, y cómo influyen todos estos elementos en nuestra felicidad.

Como Seligman, estoy en contra de las motivaciones freudianas respecto a que lo que mueve al mundo y a las personas, en sus objetivos y cometidos, tiene su origen en trastornos de la infancia, trastornos reprimidos sobre la sexualidad y la agresividad. No hay ninguna prueba de que la fortaleza y la virtud de las personas tengan su origen en motivaciones negativas. Quizá por eso a la psicología le ha costado tanto tiempo volverse positiva, ya que Freud lo basaba todo en la búsqueda de sucesos negativos de nuestro pasado para buscar en unos casos la explicación de acciones sublimes o de otras perversas, ambas con el mismo origen casi patológico. El estudio de las emociones que proporciona la psicología positiva incluye los rasgos de carácter como las virtudes y las fortalezas, pero también las habilidades, como la inteligencia o la capacidad atlética. Hay emociones positivas que nos resultan muy útiles en momentos difíciles, como la seguridad, la esperanza y la confianza. Las experiencias que provocan emociones positivas hacen que las emociones negativas desaparezcan. Las virtudes y las fortalezas son una protección contra las desgracias, los trastornos psicológicos y la enfermedad mental y la física. Existe ya evidencia científica contrastada sobre los efectos de la felicidad y el bienestar sobre la longevidad. Te aseguro que tras algunos datos que revisaremos encontrarás razones y argumentos para tomarte en serio tu felicidad.

Seligman formuló su teoría de la felicidad en 2002, en la que tenía en cuenta tres elementos: las emociones positivas (placeres o *felicines*), la entrega (que se produce sin experimentar placer y que nos mantiene inmersos en una actividad) que nos lleva al concepto de «fluir» del que hablaremos con detalle y, en tercer lugar, el sentido, que nos permite ser parte de algo superior a lo que tendemos. Estos tres elementos, sin embargo, no respondían a algunas preguntas como ¿qué hay de los logros que nos proponemos? ¿Cómo influyen en nuestra sensación de vida plena y felicidad? Las metas y los logros merecían estar como un elemento indispensable de nuestra felicidad. El último elemento incorporado son las relaciones positivas, las que mantenemos con las personas más allegadas en nuestro círculo más íntimo. De esta forma, hemos pasado de un indicador de felicidad en forma de satisfacción con la vida a otro que consiste en potenciar los cinco elementos mencionados. La satisfacción con la vida tenía un defecto relevante, y es que su medición nos llevaba a sobrevalorar el estado de ánimo, de tal modo que representaba una medición concreta, una fotografía en la película de nuestra vida. En lugar de reflejar cómo nos va la vida de una manera más global, la medición nos lleva a que las sencillas emociones positivas condicionen dicha medición y no reflejen una medida más amplia de la felicidad auténtica. En definitiva, medir la felicidad auténtica se antoja algo realmente complejo.

Estos hallazgos tan sólo confirman una verdad incuestionable: ser feliz es un objetivo irrenunciable que persigue nuestra mente y beneficia nuestra salud.

En el capítulo 3 de las relaciones de pareja, abordar el amor y las relaciones ha sido una de las etapas más gratificantes en la elaboración de este libro. Al estudiar las definiciones y significados del amor, pude comprobar la diversidad de sentidos y nociones, tantos como personas que lo han abordado desde un punto de vista intelectual. Sin embargo, una de estas definiciones, atribuida al genial Baruch Spinoza, me cautivó: «Amor es la alegría de que existas». He profundizado en las relaciones de pareja y el amor, pero no he podido apoyarme en las grandes mentes de la historia, aquellas que han ofrecido respuestas que han guiado a la humanidad a lo largo de miles de años. Los grandes filósofos sufrieron con relaciones tortuosas que no supieron encauzar, y quizá ni siquiera comprender. Desconocer lo que era el amor, o lo que yo creía que era el amor, me llevó a realizar un esfuerzo reflexivo extraordinario en la búsqueda de respuestas. He podido experimentar, en mi corta pero intensa experiencia, un amplio rango de sensaciones en relación al amor, algunas tremendamente intensas y otras suaves y serenas. El amor, como la vida, es un camino que hay que recorrer. Pero nada dice que la intensidad y lo auténtico no llegue a la mitad de ese recorrido, ya que en los comienzos somos aficionados que estamos descubriendo la vida. Como afirma Eric Fromm, amar es un arte, y como tal requiere de conocimiento y de técnica. El amor se ha convertido en una cosa, se ha cosificado convirtiéndose en una mercancía más que se busca con atajos, intentos de alcanzarlo rápido y a toda costa a través de medios como el poder social o la atracción física. El amor no es apatía, pero aún menos es sufrimiento. Las entrevistas que he realizado a varios expertos psicólogos y terapeutas de parejas han sido una fuente extraordinaria e inspiradora, y espero que encuentres respuestas a tus preguntas sobre esa capacidad de amar y ser amado que, aunque no lo creas, no es una doble virtud que poseen todas las personas.

El capítulo 4 aborda el cuerpo, y para ello se ha dividido en dos partes: alimentación y ejercicio físico. Resulta sorprendente la idea que tenemos de nuestro cuerpo, como algo externo a nosotros mismos, un medio por el cual nos manifestamos en esta vida material. La realidad es que somos un cuerpo. Descuidar tu cuerpo es descuidar tu ser. Aunque la estética marque la pauta, cuidar tu cuerpo es un asunto más profundo de lo que parece.

Respecto a la alimentación, he aprovechado una de las capacidades de ser editor de publicaciones médicas: te estoy proporcionando la información epidemiológica sobre lo que comemos, y si nuestra alimentación es todo lo correcta que debiera ser. Los lectores más informados tendrán creencias firmes sobre lo bueno o malo que es el pan o las grasas, y he tratado de trasladar lo que dicen los expertos que saben, y no esa persona que tiene un aspecto fantástico y te comenta lo que le va a bien a él o ella. En el terreno de las dietas milagro es sorprendentemente sencillo explicar por qué funcionan inicialmente y por que dejan de hacerlo a medio plazo, haciéndonos ganar más peso aún. En el cuidado del cuerpo, incluyendo la alimentación y el ejercicio físico, hay muy pocas generalizaciones, y cada uno debe trazar su plan de acción personalizado que tenga en cuenta su genética. Una de las listas más prácticas que muestro es, sin duda, el decálogo para realizar ejercicio sano, eficaz y duradero. En la actualidad podemos saber cómo reaccionamos al ejercicio físico o si metabolizamos mejor los hidratos de carbono o las grasas, a la hora de darles preferencia a uno u otro en la dieta. Por eso, una buena forma de ahorrar tiempo y de obtener resultados es conocer tu genética. Soy partidario de no hacer ni más ni menos ejercicio del que necesitamos, pero para eso se requiere información. La razón de ser cuidadoso con el tiempo invertido en el ejercicio físico es sencilla: no me gusta perderlo e imagino que a ti tampoco. Por eso cuando vayamos al gimnasio o practiquemos deporte merece la pena aprovechar el tiempo, que sea breve y esforzarse.

Por último, el capítulo 5 aborda cómo estar bien con tu mente. Debo decir que he experimentado un descubrimiento en la elaboración de este capítulo: necesitamos controlar a nuestro mejor amigo y potencial peor enemigo: nuestra mente. Si no controlamos nuestra mente seremos presa del miedo, de la ira, abandonaremos el presente, la tristeza se quedará más tiempo del necesario o dejaremos de hacernos preguntas. Todo esto puede ocurrir si no dominamos nuestra mente. Para dominar la mente debemos conocer cómo funciona y cómo ha evolucionado, información relevante sobre el conocimiento del órgano (el cerebro) y de la mente (su función). Mi inspiración y mi fuente han sido psicólogos, psiquiatras, neurólogos, especialistas de diferentes disciplinas médicas y expertos en muchas de las áreas que más nos interesan. A algunos de ellos, hombres y mujeres, he tenido la suerte de entrevistarles y espero que sea una fortaleza de este libro la síntesis y la concisión, profundizando cuando sea necesario. Espero que mi digresión sobre el cerebro de los mamíferos no se haya remontado demasiado atrás en el tiempo. En el diseño de la revista de estilo de vida *Estar Bien*, pensamos exactamente en eso: en ofrecer una amplia visión de conocimiento y fórmulas para estar bien, algunas más sofisticadas que otras, algunas que tan sólo ofrecen emociones positivas o soluciones a un problema menor, pero en todos los casos el espíritu era el mismo: buscar medios para estar bien. Un esquema que también hemos seguido en el programa de televisión que emitimos en Intereconomía TV y que responde a la misma afirmación que da sentido a este libro, porque queremos *Estar Bien*. Para cumplir este objetivo, la mente es el cuarto elemento esencial.

Dos han sido los grandes hechos que creo debemos tener presente al hablar de la mente y el cerebro. Por un lado, el hecho negativo es que a partir de los treinta años perdemos 100.000 neuronas cada día, lo que equivale a un gramo de cerebro cada diez años. Para los que tengan una buena «reserva cognitiva» cuando lleguen a los tempranos cincuenta se encontrarán mentalmente sanos. Se trata de una reserva o mecanismo para tolerar mejor los efectos de la enfermedad mental. Y el cuerpo suele seguir a la mente. Alcohol, drogas de abuso y una mala alimentación pueden acabar con ese seguro de salud mental que supone la reserva cognitiva. La buena noticia, y el segundo de los dos grandes hechos a los que hacía referencia, es que la mente posee una característica de extraordinario valor: la neuroplasticidad. Gracias a esta habilidad, nuestra cerebro no deja de adaptarse, de evolucionar y de crecer, en la medida en la que le cuidamos y le proporcionamos los estímulos adecuados. Podemos crecer mentalmente, e incluso mejorando nuestra inteligencia emocional, incrementar nuestro coeficiente intelectual. También podemos apoyarnos más en una inteligencia veloz, que maneja una vasta cantidad de datos y que lo hace sin que seamos conscientes de ello: la inteligencia intuitiva nos puede ayudar a tomar decisiones si sabemos dirigir nuestra mente. En el capítulo de la mente abordaremos también la relación de las emociones positivas y la salud, y de cómo influye en enfermedades como el asma.

Este libro constituye una reflexión documentada que te proporciona una guía rápida de qué hacer para estar bien. Puede que tengas la tentación de ir directamente a ese capítulo que te interesa más, para seguir los consejos de los expertos, pero te recomiendo que engañes a tu mente leyendo el libro en su totalidad. Al hacerlo estarás reprogramando tu mente, que necesita argumentos convincentes en cada uno de los campos que considero cruciales para una vida plena y lograda, y para que quieras que algunas cosas cambien. Somos seres emocionales, pero también muy racionales, hasta tal punto que necesitamos evidencias para actuar de una manera determinada. Esas evidencias son las que he tratado de mostrar en este libro. Como el único objeto que tiene este libro es que estés bien, estoy seguro de que su lectura te proporcionará la misma gratificación, fluidez y sentido que he experimentado yo al escribirlo.

Palma de Mallorca y Madrid, septiembre de 2012

CAPÍTULO 1

LAS OCHO ACTITUDES AUTÉNTICAS PARA ESTAR BIEN

Tienes en tus manos este libro y quizá no seas un lector asiduo. Sin embargo, te haces preguntas y tratas de actuar para sentirte bien contigo mismo. Si fueras un lector asiduo, te felicito por organizarte para adquirir el conocimiento que los libros ofrecen, o por renunciar a otras cosas para invertir tu tiempo en la lectura. El interés por el conocimiento, la curiosidad que te lleva a plantearte preguntas y buscar respuestas, es parte de los códigos clave para el ser humano. Desde Confucio a santo Tomás de Aquino, desde Aristóteles a las tradiciones orientales, las virtudes clave para realizarse y ser feliz son comunes a la humanidad. Por ello, la primera de las preguntas sobre qué hace a una persona virtuosa se responde estudiando todas las culturas. Aristóteles definió la felicidad como la actividad del hombre conforme a la virtud, y ya nos ofreció pistas que han seguido algunas de las mentes actuales que más saben sobre qué nos hace felices.

Algunas de las cosas que leas en este libro, por tanto, te resultarán familiares por haber acudido a los clásicos, visitar los ensayos de Michel de Montaigne o aterrizar en Ken Robinson y su reciente *Elemento*. Ni siquiera hay que profundizar en Arthur Shopenhauer y su ensayo sobre los libros o la erudición para conocer que el saber humano reside en el interior del cerebro de los hombres que viven en cada época o momento... ¡y en los libros! Pero los auténticos eruditos, los sabios más grandes, han leído en el libro del universo. Los libros acumulan la memoria y la conciencia de la humanidad. Por ello, vamos a ser ambiciosos con el objetivo que me he planteado: examinar el conocimiento y analizar cómo deberíamos vivir en la búsqueda de la felicidad. No es un reto menor resumir miles de años en unas cuantas páginas, pero sí es un reto que merece la pena.

Ya sabemos que las preguntas nos permiten señalar el objetivo del conocimiento, del saber. La pregunta «¿cómo vivir?» no tiene una sola respuesta, sino varias. En cualquier caso, en la mayor parte de las posibles respuestas se incluirá la felicidad, ese objeto de deseo, que mucha gente persigue y busca. En el fondo, sería mejor crear la felicidad, en lugar de perseguirla. También revisaremos cómo crear felicidad.

Vamos a profundizar en diferentes planos, por ello te pido que hagamos el ejercicio de elevarnos y trasladarnos a otra dimensión alejada de los planos, sobrevolemos por testimonios y verdades universales que seguro que reconoces o intuyes. En algunos casos, tan sólo te hago más evidente lo que quizá ya sepas, aunque no seas consciente. Porque es tu mente la que tomará la decisión de hacer que las cosas sucedan.

Éstas son las ocho actitudes que te llevarán por el camino de la vida plena, y que nos sirven para preparar el abordaje de los capítulos sobre la felicidad, el amor, el cuerpo y la mente. Pero antes, sobrevolemos por las actitudes más auténticas.

1. Sueña y actúa

Fortis imaginatio generat casum
(Una fuerte imaginación generó el acontecimiento)
Atribuido a Avicena (980-1037 dC)

Soñar es algo más que una ausencia consciente o no de tu mente hacia un deseo. Puedes soñar despierto o puedes hacerlo cuando duermes, pero el mejor sueño es el que escoges de una manera voluntaria, lo que ocurre siempre cuando no estás dormido. Deja que tus sueños superen a tus miedos, y que tus acciones sigan a tus palabras. Entonces serás libre para llevar a cabo lo que has soñado, mientras abandonas la frustración de no hacer lo que dices, o de seguir hablando de lo que harías, y de las muchas razones y límites que te pones para no hacer lo que dices.

Hay que abandonar esa actitud de impotencia ante cosas que queremos hacer y no hacemos. Porque nos frustra y alimenta nuestra infelicidad. Para pensar en objetivos elevados nuestra mente debe estar en el modo adecuado. En ocasiones tenemos una visión, llegamos a ella en momentos de lucidez mental, pero al volver al estado de no consciencia, nos abandona la fuerza de seguir el hábito que perseguimos para hacer el sueño realidad. Por tanto, no basta con soñar (es imprescindible utilizar la imaginación para visualizar lo que queremos hacer) sino que hay que actuar en consecuencia. El problema radica en que el estado en el que soñamos no es el mismo que aquel en el que actuamos. En uno estamos elevados y en otro estamos con los pies en la tierra. El sueño se difumina al sentir el suelo bajo nuestros pies. Por ello, es clave que nuestra mente encuentre argumentos sólidos (somos seres racionales), se ilumine y motive a través de los sentimientos y emociones (somos seres emocionales), encuentre el camino y el poder de la máxima consciencia y desarrolle los hábitos oportunos. Ya decía Joseph Pilates que el esfuerzo y la persistencia son dos hábitos fundamentales para alcanzar cualquier meta que merezca la pena en nuestra vida. Hay que esforzarse en soñar y, aun más, en actuar.

2. Pregúntate y cuestiónate todo

Todos nacemos originales y morimos copias
Carl Jung (1875-1961)

Heráclito decía que no se puede entrar en el mismo río dos veces. Para los que duden acerca de esto, hay que tener presente que el tiempo pasa como lo hace el agua que fluye, y cuando uno entra por el mismo lugar, no es el mismo río ni su misma agua. En cierto modo, la inestabilidad o el cambio es la situación más común en el mundo y a lo largo de nuestra vida. Somos seres con una extraordinaria capacidad para adaptarse a los cambios. En ocasiones se trata de cambios de dirección que afectan a nuestro pensamiento en multitud de temas, unos cambios que se acentúan con las actitudes interrogantes (esas que nos llevan a cuestionarlo todo), pero que nos permiten la sensación de tender a alcanzar el equilibrio que nos sobreviene cuando nos hacemos las preguntas correctas. En una ocasión mi hijo Eduardo me dijo, con ocho años, muy serio y seguro mientras se llevaba el dedo índice a su cabeza: «Papá, aquí caben todas las respuestas».

Recuerdo que le contesté: «¡Estupendo! Ahora tan sólo te faltan las preguntas».

La anécdota me hizo pensar que la mente de los niños, en esa tendencia irrenunciable a aprender, se fuerza a ir en la línea equivocada. Les estamos educando para que respondan, cuando hay que centrar su formación también en que sepan preguntar. Deberían preguntar a los profesores y no empezar desde muy pequeños a responder a los exámenes. No sé si un problema se resuelve en gran medida cuando tienes la pregunta formulada correctamente, pero creo que ayuda mucho. Antes que pensar en responder a preguntas que nos son ajenas, debemos preguntarnos lo que nos es propio: preguntarnos a nosotros mismos. De alguna forma nacemos genios y en algún momento llegamos a imbéciles, dice el director del Instituto de la Mente de Milán. Genios nacemos porque sólo el genio se hace preguntas constantemente, como cuando queremos aprender de muy pequeños de todo y tenemos el «¿por qué?» en la boca todo el día. Eso es el genio, querer saber y hacer las preguntas correctas. Quizá creamos que esto es cuestión de filosofar de manera teórica, y no es así: es real, hay que hacerse preguntas y cuestionar todo lo que no te haga sentir bien o lo que te provoque curiosidad. Pero debes dedicar tiempo a hacerlo, como el tiempo que dedicas a tareas banales. ¿No vas a dedicar tiempo a hacerte preguntas y a escribir en una hoja lo que quieres de tu vida? Si eres de los que te gusta escribir, estupendo. Si tienes por costumbre anotar en tu cuaderno lo que piensas, también te será fácil. Si no lo has hecho nunca, trata de hacerlo y verás que al visualizar tus dudas, tus preguntas y tus intentos de respuesta, irás recorriendo un camino que te será muy productivo en sensaciones positivas. En el capítulo 2 hablaremos de lo importante de las sensaciones positivas.

Dejemos que los niños pregunten, si debemos corregirles, que sea en la formulación de la pregunta o en la oportunidad perdida al no hacer la pregunta correcta. Ante un niño que me preguntara mucho yo le diría: «Has hecho varias preguntas pero ¿cuál de sus respuestas realmente querías escuchar?». Enseñémosles a preguntar lo que merece la pena ya desde pequeños, y cuando sean adultos serán capaces de continuar haciéndose las preguntas que van a necesitar para alcanzar sus metas, cuando quieran entrar otra vez en el río de la vida, del que no paramos de entrar y salir de manera constante.

3. Busca la felicidad donde está

Conócete a ti mismo
(Transliterado *gnóthi seautón* en griego antiguo)
Leyenda del Templo de Apolo en la isla de Delfos

El derroche, los placeres rápidos y el conformismo nos alejan del camino para estar bien. «La sociedad actual nos pone las metas de la felicidad en lugares donde no la podemos encontrar». Éste es el diagnóstico del psicólogo Walter Riso. La felicidad, según el experto en filosofía práctica, no se halla en la talla XXS, tampoco en poseer un Porsche (algo que poseen pocos), ni en conformarnos con una situación laboral que nos proporcione un miniempleo (algo que tienen muchos). «Estamos inmersos en una pereza crónica, la cultura de lo desechable, todo rápido. Y lo que nos enseña la filosofía griega es a luchar por lo que uno quiere, que los principios no son negociables y que hay que ofrecer resistencia a ese lavado celular que nos hacen», asegura. Los placeres rápidos también nos producen satisfacciones rápidas y efímeras, pero funcionan en su cometido. Me refiero a muchas de las fórmulas para obtener pseudofelicidad, alegría, consuelo y éxtasis. Se trata de fórmulas que nos proporcionan emociones positivas en forma de placer. Los placeres se basan en nuestra capacidad sensorial y las emociones que se derivan. ¿En qué se diferencian los placeres de las gratificaciones, ambas emociones positivas? Las gratificaciones comparten el gusto que proporcionan los placeres, pero se apoyan en la práctica de las fortalezas y virtudes auténticas, como afirma Martin Seligman, uno de los expertos que más ha aportado a la ciencia de la felicidad desde la Psicología Positiva. Pero cuando atajamos, en esa búsqueda del bienestar, y nos dejamos atrás las virtudes auténticas, lo hacemos a través de medios muy eficaces para proporcionarnos placer: drogas, chocolate, sexo sin amor, ir de compras, masturbarse o ver la televisión. Como afirma Seligman, no hay nada de malo en ello, excepto que no proporciona la auténtica felicidad, la que te alimenta porque tiene como fuente aquello que haces bien, que es tu esencia, que es tu habilidad y ofreces a la sociedad, a tu pareja, a tu familia como tributo: lo mejor de ti. Vivir intensamente no guarda relación con tener placeres de manera continua, sino con experimentar y sentir otras sensaciones más elevadas. La vida placentera se basa en las emociones positivas, la vida plena en la entrega y la fluidez (según la define Mihaly Csikszentmihalyi), y la vida lograda en el sentido que percibimos que posee nuestra vida. La felicidad se encuentra en intensificar estas tres vidas y para hacerlo la receta es descubrir e impulsar nuestras cinco fortalezas y aplicarlas en nuestra vida cotidiana y en nuestro entorno. Las fortalezas son los medios para alcanzar las virtudes.

Puede dar la impresión de que la sociedad actual es la primera que cuenta con una crisis de valores. Sin embargo, las personas que habitaron en la Antigua Grecia se encontraron ante la misma encrucijada. Los griegos vivieron su propia globalización. Y cuando ocurrió, se dieron cuenta de que habían perdido sus referentes ideológicos y el sentido de pertenencia a un lugar. Entonces, hallaron el punto de referencia básico en el regreso al yo: volver a uno mismo, como explica Riso. La forma en que consiguieron superar esta crisis fue rescatando su propia identidad, ofreciendo resistencia al consumismo, cuestionando sus valores profesionales. «Una revolución personal muy importante, la búsqueda de la sabiduría y de una vida más tranquila», apunta el psicólogo.

Para ello, es importante dejar de lado el conformismo. No debemos comportarnos como autómatas, cayendo en rutinas de las que pensamos que no podemos escapar. Siempre hay una forma de escapar del laberinto y volver al camino, pero eso exige esfuerzo y determinación. «El conformista es aquel que no tiene metas, es una persona que no genera cambios. Es como una vaca mirando al horizonte que dice mu», afirma Riso. El hombre al que aspiraban los griegos es, por el contrario, aquel que genera cambios racionales, que no se identifica con las cosas materiales, que protesta y no se resigna. La persona que cuestiona crece, y la que pregunta, dirige. Nuestro objetivo debe ser crecer y dirigir nuestra propia vida.

Michel de Montaigne lo explica así: «Limita tus errores, sostén tus razonamientos, comenta lo aprendido, aunque no te entiendan. Sólo de esa manera intentarás equilibrarte en el camino de tu propio interior». Veamos esto con más profundidad.

«Limita tus errores» te dice que no puedes ser perfecto, que te vas a equivocar. Pero puedes limitar las veces que te equivocas. La primera vez que alguien te engaña es culpa suya, la segunda vez es tu responsabilidad. Aprender de los errores te hace crecer, y tratar de limitarlos nos aparta de ese lugar que detesto donde encontramos excusas para cosas que hacemos mal, justificando acciones con un «soy así» o «no lo puedo evitar», y demás argumentos de las personas que se encuentran a la deriva, a merced de la corriente de turno que les arrastre a quién sabe dónde.

«Sostén tus razonamientos» te anima a que refuerces de manera sólida lo que piensas. Si no encuentras dicho refuerzo, quizá debas dar un paso atrás y cuestionarte de nuevo el razonamiento.

«Comenta lo aprendido» te permite no sólo ser generoso al compartir tus conocimientos, sino que te ayuda a perfeccionar lo aprendido, a integrarlo en tus hábitos tras su debate y te produce la satisfacción de compartir la razón y las sensaciones con los que te rodean. Saber conversar es una habilidad que te proporciona un alimento muy especial para tu mente: pastillas de felicidad y creencias compartidas.

4. Vive intensamente cada minuto

Cuando bailo, bailo; cuando duermo, duermo
Michel de Montaigne

La sensación tan común de que el tiempo se nos va, que lo perdemos o que avanza inexorablemente sin darnos cuenta, nos persigue a todos. La idea de que el tiempo se nos escapa queda reflejada en esa obra de Salvador Dalí en la que una mano sostiene un reloj que se escurre, como si su material se convirtiera en una clase de líquido que se escapa entre los dedos que lo intentan sujetar, en vano.

En estos momentos, si estás en los treinta o pasados los cuarenta, tendrás la sensación de que la vida te ha pasado con rapidez. Si estás en los cincuenta o más, tendrás esa sensación más acentuada. Es ley de vida; ésta pasa en unos pocos años y nos sitúa en una edad avanzada que siempre nos llega demasiado pronto.

Este año que vives ahora es un año más, pero no será un año cualquiera, y no lo será si somos conscientes de que el tiempo sólo se va si no lo disfrutas lo suficiente. De esta forma, las experiencias que vivimos intensamente, aquellas que hacen detenernos en momentos especiales de nuestra vida, que nos invitan a disfrutar cada segundo, son las experiencias que nos enriquecen. Esos momentos nos mantienen en un presente que se convierte en infinito. El pasado es historia, el futuro es incierto y el presente es infinito. Vivir los momentos con tus proyectos, con tu trabajo, con tu familia, con tus amigos, con ese ser tan especial... vivir y exprimir cada segundo, no nos dejará la sensación de que las cosas se van, porque todo se ha quedado en nosotros. No se trata sólo de grandes momentos porque el exterior nos ofrezca una vista maravillosa, aunque retener esos momentos también sirve como ejercicio placentero. Se trata de lo que haces en cualquier momento del que quieres ser consciente que estás bien, disfrutando sólo o en compañía. Todos y cada uno de esos momentos disfrutados y vividos conscientemente serán ya parte de ti.

Es un buen ejercicio reflexionar sobre esto en un día cualquiera, y hacerlo con frecuencia, cuando esos momentos de gozo vienen a nosotros. Recordar que el tiempo no pasa, que el tiempo se queda en nuestra mente, donde se imprime la intensidad de lo vivido, puede ser un objetivo fácilmente alcanzable si nos proponemos interiorizarlo. Yo creo que es nuestro cometido devolver a la vida parte de lo que nos ha dado, y si somos felices debemos devolver parte de esa felicidad, no como tributo voraz, sino como efecto multiplicador; devolver a los que nos rodean parte de esa felicidad. Al hacerlo, abres la compuerta de un flujo continuo que ofrece felicidad de donde la consigue; la das y la recibes. Por esta razón, no hablo nunca de relojes desde que comencé a escribir este libro e interioricé esta idea. Ahora a eso que llevamos en la muñeca cada uno y que nos ofrece la hora lo llamo «guardatiempo». Así, cada vez que lo nombro, me recuerda que el tiempo sólo se va cuando no soy capaz de vivir cada momento con el gozo de la conciencia (cuando bailo, bailo), desde una sencilla conversación, hasta una mirada cómplice. Desde una sonrisa compartida hasta un abrazo. Desde la más insignificante actividad hasta eso que nos hace elevarnos en una cascada de sensaciones que nos transportan al origen de los tiempos. Todo es disfrutable y gozoso, ya que todo enriquece y alimenta tu cuerpo y tu alma. Todo lo que eres capaz de vivir intensamente.

Disfruta y vive intensamente todos y cada uno de tus propósitos. Serás más feliz y estarás devolviendo a la vida parte del don que te ha dado.

5. Acepta los malos tragos

Los filósofos clásicos decían que la vida es lo que ocurre mientras estás haciendo otros planes. Pero la vida es una sucesión de buenos y malos momentos, de momentos anodinos y de otros extraordinarios. Unas veces te aburres sobremanera y en otras ocasiones disfrutas al máximo cada pedazo de felicidad que recibes en momentos que se hacen inolvidables. Pensar que la vida sólo tiene momentos agradables o aburridos nos lleva a creer que los malos momentos son la excepción. Y, aunque es cierto que la mayoría tendemos de forma natural a evitar los malos momentos, éstos forman parte de la propia vida. Lo primero que debemos entender es que la vida puede ser como una partida de cartas, en la que cada uno recibe las suyas y juega con ellas. Pensarás que los hay que reciben buenas cartas... ¡Claro! Pero la inmensa mayoría no es agraciada con el Gordo. Por eso sugiero que nos pongamos metas para el supuesto de que estemos esperando las mejores cartas en la partida de la vida, pero que juguemos igualmente con las cartas que nos han tocado, e intentemos sacar el máximo partido de cada jugada. Y si te tocan buenas cartas... ¡mejor! Por si crees que el Gordo de la lotería te hará más feliz, los estudios confirman que las personas agraciadas con un premio, tras unas semanas de experimentar felicidad, vuelven a su rango de felicidad previo al premio, un rango (entre un valor mínimo y otro máximo) que está determinado genéticamente, como veremos más adelante.

No soy muy partidario de la resignación y la aceptación de las desgracias como algo que nos supera y que nos hace pequeños ante la inmensidad de fuerzas superiores. Se otorga demasiada importancia al destino y a nuestra vulnerabilidad. Prefiero la visión más optimista que se basa en algo distinto: aceptar un hecho negativo o que nos perjudique, ya que eso no implica quererlo. Aunque hay gustos para todo; desde los clásicos se hace referencia a aceptar y querer los males que te vienen, en una especie de bienvenida exagerada. Como decía Séneca a propósito de sus ataques de asma: «Acepto y deseo que se me cierren los pulmones y me falte el aire, así recibo con los brazos abiertos este mal que me deja sin aliento, y sólo así evito perder fuerzas en luchar contra él, lo que me hace sumarme a él y mantener la energía que necesito para pasar este mal que me aqueja». Toda una declaración de aceptación de una enfermedad inevitable hace 2.000 años, y ahora una anécdota con el tratamiento farmacológico antiasmático adecuado.

Una parte importante de las frustraciones de nuestro tiempo se producen cuando nos negamos a aceptar un hecho que no puede ser alterado (la muerte de alguien querido, un despido del trabajo, un accidente). También negamos un hecho cuando tratamos de que alguien cambie, ya que se trata de una esperanza que no tiene por qué producirse. Somos como queremos ser, y cada uno elige. Pero no podemos cambiar a las personas tan sólo porque sea nuestro deseo. Es otra forma de no aceptar la realidad. En las relaciones de pareja suele ser frecuente no aceptar que una relación se ha acabado, manteniendo la misma en condiciones de poco entusiasmo por ambas partes. Si intentamos mantener una relación acabada y esperamos que cambie por sí sola, la convertimos en una frustración. Y una frustración mantenida en el tiempo nos hace infelices.

¿Qué importancia tienen las cosas? ¿Qué importancia tiene un mal trago? No existe una regla de valores absolutos; que se te rompa una uña puede ser una desgracia que te frustre durante una tarde si te lo propones. Nosotros le damos la categoría de «gran desgracia» a cosas que no deberían pasar de acontecimientos usuales. Seguro que tienes varias ideas en la cabeza... ¿Suspender el examen de conducir es motivo para que se hunda el mundo? Pues no es mucha más desgracia un despido, si eres capaz de ponerte a solucionarlo desde el momento en el que se produce. Al menos una cosa es incuestionable: los acontecimientos producen reacciones en ti, y sólo tú eres responsable de dejar que causen un efecto determinado en tu libertad y en tu felicidad.

Parece lógico que aquellos con una mayor capacidad de sobreponerse a una desgracia o contrariedad son los que serán más felices. Al menos, no experimentarán la queja y la lamentación que no resuelve el problema. Ante un hecho de naturaleza negativa la actitud debe ser dirigir el foco de atención a lo que nos aporta y enriquece. Es fácil decirlo, pero algunos han estudiado esta habilidad y le han dado nombre: resiliencia. Así se llama la capacidad de una persona de proyectarse en el futuro o seguir avanzando en el camino de la vida, a pesar de acontecimientos desestabilizadores, de condiciones de vida difíciles y de traumas graves. La resiliencia es una corriente de psicología o actitud positiva de fomento de la salud mental. Es conocida y aceptada por la comunidad científica la capacidad de ciertas personas de somatizar los problemas, ya sean relevantes o simples discusiones en el entorno personal o de trabajo. Así desarrollan estrés, dolor de cabeza, de espalda o problemas gástricos. Una actitud o habilidad como la resiliencia, nos debería llevar a evitar los males derivados de nuestra sobrerreacción y, eventualmente, a proporcionar a nuestro cuerpo y mente la capacidad de superar el problema y no mirar atrás.

Como todo, es bueno comenzar por pequeñas pruebas. Yo sugiero ensayar con las pequeñas cosas que pueden amargarnos un día. Por ejemplo, la pérdida de nuestro ordenador personal por un simple descuido u olvido en un tren. Tras darte cuenta, te viene la reacción de intentar recuperarlo, mientras pensamos en paralelo en la cantidad de trabajo que perdemos, los contactos, aquel proyecto en el que trabajábamos desde el escritorio de nuestro portátil, el dinero que cuesta... Es un anticipo de lo frustrados que vamos a estar cuando se confirme que nadie ha encontrado en el tren (como siempre) eso que te has dejado en la funda delantera y oculta del respaldo del asiento. Cuando ya sabes que lo has perdido definitivamente, tómate un tiempo sereno para reírte un rato y decirte (¿por qué no?) que eres un poco memo. Que si sabes que te puedes olvidar el portátil, no lo dejes ahí en el bolsillo oculto del asiento. Una vez hecho esto durante unos segundos, ya tienes tu dosis merecida de autocompasión o de autocrítica. Después puedes practicar una técnica de los antiguos romanos que consiste en retrotraerte antes de dicha pérdida y pensar: «El ordenador era un modelo antiguo y ya necesitaba un cambio». Piensa en el momento anterior a la pérdida del ordenador. Tan sólo es necesario pensar unos segundos... Luego ya viene la solución: te compras otro. Claro que puedes optar por amargarte el día y pensar que ahora te viene fatal gastarte otros mil euros, pero eso no te va a devolver el ordenador ¿verdad? Pues piensa en el nuevo ordenador, o en tu vida feliz sin ordenador: tú elijes lo que quieres que sea el foco de atención de tu mente. Puedes ser tu peor enemigo si no eres capaz de dirigir tu mente. Si son tus miedos y desgracias los que deciden por ti, le estás dando a otro o a las circunstancias la llave de tu vida, y te conviertes en una botella en un mar a la deriva de los acontecimientos.

En buena medida, superar un trauma consiste en encajar el golpe como encajan los golpes en el boxeo; se entrenan para que no duelan y continúen con el combate. Se trata de encajar el golpe, desenvolverse y vivir, incluso, en un estadio superior al que tenías antes, ya que la capacidad de dirigir tu mente te eleva y te permite acceder a recursos que estaban latentes en ti, y que quizá ni sospechabas. Como hemos mencionado antes, una buena forma de enfocar los problemas menores o menos relevantes es aceptar que las cosas tienen la importancia que uno les da, y que es un buen ejercicio no considerar las contrariedades cotidianas como grandes frustraciones, algo que subyace en muchos de los estados anímicos bajos de personas que tienden a la frustración.

Probablemente no seas una de esas personas que se frustran con facilidad, pero es bueno identificar situaciones que te pueden llevar a sobrevalorar una situación negativa, y es bueno tener conciencia de ello, para que puedas actuar en consecuencia.

Si estás preparado para aceptar pérdidas menores, estarás también más preparado para aquellas más graves. Para saber perder un trabajo, incluso una empresa que quiebra bajo tus órdenes o, sencillamente, dejar escapar un buen negocio, es necesario saber evitar que te amargue la vida y que las fuerzas que necesitarás para seguir avanzando te falten o se pierdan en esfuerzos de autocompasión inútiles. El entrenamiento para saber perder algo gordo se basa en aceptar una pérdida menor. Practica con la pérdida de tu móvil, cuando se produzca, claro está.

6. Huye del miedo

El hombre nace libre, pero en todas partes vive encadenado
Jean-Jacques Rousseau (1712-1778)

El miedo es un sentimiento intenso ante algo que nos asusta o creemos que nos puede hacer daño. Es provocado por la percepción de un peligro, real o supuesto, que puede ser presente, futuro o incluso pasado. Es una emoción primaria que se deriva de la aversión natural al riesgo o la amenaza, y no somos los seres humanos los únicos que lo experimentamos, pero sí somos los que proporcionamos la racionalidad y argumentación que el temor necesita para anidar en nuestra mente. El miedo está relacionado con la ansiedad y su abordaje es, sin duda alguna, interdisciplinario. Representantes de diferentes áreas de conocimiento lo estudian intensamente: además de psicólogos, se aborda desde el ámbito médico, teológico, filosófico y biológico (los especialistas en biología de la evolución).

Existe miedo real cuando la dimensión del miedo está en correspondencia con la dimensión de la amenaza. Existe miedo neurótico cuando la intensidad del ataque de miedo no tiene ninguna relación con el peligro. Ambos, miedo real y miedo neurótico, fueron términos definidos por Sigmund Freud en su teoría del miedo. En la actualidad existen dos conceptos diferentes sobre el miedo, que corresponden a las dos grandes teorías psicológicas que tenemos: el conductismo y la psicología profunda. Según el concepto conductista el miedo es algo aprendido. El modelo de la psicología profunda es completamente distinto. En este caso, el miedo existente corresponde a un conflicto básico inconsciente y no resuelto, al que hace referencia.

De todas las sensaciones que más detesto y que más he tratado de desterrar de mi entorno es el miedo. Ese volcán de adrenalina que hace que reacciones ante un peligro, es un vestigio de nuestra propia evolución de cientos de miles de años, te lleva a sobrerreaccionar ante estímulos que no deberían causarnos tanta alarma, y por el contrario nos causan estupor, miedo. Muchas de esas cosas no han sucedido aún, y la mayoría no sucederán nunca, pero el miedo se quedará en nuestra mente y en nuestro cuerpo, o al menos, sus efectos. Como en la mayoría de las ocasiones, creemos que la amenaza está fuera y somos nosotros nuestros peores enemigos. Afuera sólo está la vida, eso sí, con la dosis oportuna de incomprensión y egoísmo, unas veces, pero también con la de empatía y entrega. Puedes centrarte en reaccionar a una cosa u otra, o puedes escoger tú mismo qué reacción vas a tener.

Si eliges tener miedo, dejarás de ser tú, o serás una caricatura de ti mismo. La angustia no te permitirá pensar de forma correcta, tu carácter estará alterado, y tu mente no podrá pensar con claridad en el presente. En estas circunstancias ¿qué puede salir bien? Si tomas decisiones, te equivocarás, o las tomarás sin poder pensar adecuadamente. Si tienes responsabilidades, serás torpe al ejercerlas. Si tienes momentos en los que la entrega debería llevarte a la fluidez, estarás ausente pensando en tus miedos. El miedo no está afuera, está dentro de ti. Y quien lo crea eres tú mismo.

El miedo no es algo que venga de repente. La bienvenida se la damos nosotros, o nuestra mente que nos domina. Por ello, la mejor manera de combatirlo es rechazarlo como sensación, desterrarlo de nuestro arsenal de estados mentales posibles. Y una forma de hacerlo es restarle importancia a las cosas, incluso a aquellas que te producen el miedo. Cuando las cosas se hacen insignificantes, les quitamos importancia y las ponemos en la perspectiva adecuada, el miedo desaparece. Y esto ocurre incluso persistiendo la señal que lo evocó en nuestra mente. En ocasiones debemos tratar de buscar el origen de ese miedo, para ir a su encuentro, en esa caverna donde vive el monstruo que nos aterra.

No voy a negar que hay aspectos de nuestra vida importantes, y que en determinados contextos nos pueden preocupar de una forma extrema. Los problemas en el trabajo, la vida con tu pareja, o que un negocio al que hemos dedicado esfuerzo y dinero salga como esperamos. Existen multitud de aspectos que entran dentro de nuestra atención porque son importantes. Pero estar pensando en su pérdida, en que las cosas pueden ir mal e ir alimentando un miedo preventivo, tan sólo anticipa un sufrimiento que no tiene por qué llegar, ni siquiera en el caso de que las predicciones más pesimistas aparezcan. Te diré más: ni siquiera en el caso de que se cumpla el escenario fatídico que has predicho debes tener miedo. Tu escenario fatídico es un futuro que aún no es real, y las propias consecuencias que has imaginado son aún menos reales.

El miedo nos lleva, en el ámbito de la pareja, al reproche en ocasiones. Nos situamos en un escenario que no se ha dado y le reprochamos, quizás a esa persona querida, que no ha hecho algo que creemos debería haber hecho. De su acción u omisión deducimos que no nos quiere o, lo que es peor, no con la intensidad o de la manera que nosotros deseamos. El resto tu mente te lo sirve en bandeja: el miedo a perder algo, a no llegar a donde quieres, te hace afirmar lo que no puedes saber. ¿Sabes la intencionalidad con la que tu pareja actúa? ¿Has tratado de entender lo que ocurre o has preferido dar por sentado que tu miedo, tu peor escenario, es real? ¿Estás seguro o segura de que no es tu miedo el que habla cuando reprochas algo? Si quieres algo, díselo. Si no hace lo que tú esperas... ¿Crees que el reproche y el miedo te ayudarán a que las cosas sean diferentes? El miedo a perder a alguien puede provocar que lo pierdas. Pero no te consueles diciéndote que tu miedo era fundado. El aire que respiras contiene el oxígeno que facilita una explosión, pero para que haya una explosión debe haber una mecha que prenda. Y tu mente te puede proporcionar la mecha que provoque una explosión en la línea de flotación de tu relación. Una mecha llamada miedo.

El miedo supera la preocupación, porque altera nuestra atención casi de manera permanente y centra nuestras energías no en la solución, sino en la parálisis. Si temes algo, abrázalo, acéptalo y hazle frente. Pero no le des ni un ápice más de la importancia real que tiene. Y actúa para solucionar ese problema.

7. Evita la tristeza

Se puede evitar la tristeza, pero no las experiencias tristes. Como en tantas cosas, tu mente y tu percepción es la que decidirá lo que sentirás. Sentir tristeza de manera permanente por alguna razón no es un paso obligado, ni lo exige ninguna moral. Y te hace profundamente infeliz. La tristeza hay que plantearla, en todo caso, como cruzar ese río que en alguna ocasión nos encontramos en nuestro camino: nos vamos a mojar los zapatos y algo más, pero debemos cruzarlo sin detenernos, de una manera rápida. Nadie te pide que te consumas y te regocijes en tu tristeza, y no hay ninguna razón conocida que te obligue a ello. Atrás quedaron los duelos como elemento de rendir tributo a un ser querido desaparecido, que nunca te dirá que es necesario que estés triste, porque el que te quiere, te desea ver siempre bien.

La aproximación de Montaigne a la tristeza me parece que es la forma perfecta para afrontar este sentimiento: «Yo soy —dice— de los más exentos de esa pasión, y no siento hacia ella ninguna inclinación ni amor, aunque la sociedad haya convenido, como justa remuneración, en honrarla con su favor especial.

En el mundo se disfrazan con ella la sabiduría, la virtud, la conciencia; feo y estúpido ornamento». Montaigne nos cuenta ejemplos de graves tristezas, y concluye finalmente: «Yo me siento lejos de tan avasalladoras pasiones; no es grande mi vehemencia y procuro además robustecerla y fortificarla cada día con la reflexión». No puede ser más claro: nos anima a luchar contra este sentimiento estéril en frutos (¿a qué te lleva estar triste?) y que te aleja de la felicidad. Si has perdido a alguien, ser feliz es el mejor tributo hacia ti y hacia el ser querido. Cruza rápido el río y sigue tu vida.

8. Proporciónate placeres y gratificaciones

De la misma forma que se aprecia un buen vino cuando se tiene buen paladar, experimentar placer y gratificación es una experiencia que se potencia en las personas felices, entregadas y logradas. El placer tiene algunos inconvenientes: nos acostumbramos con extraordinaria rapidez y su experimentación tiene un fuerte componente genético. Hay personas que sienten placer y otras que lo hacen con menos intensidad. Para muchos que no están dotados de la capacidad de experimentar placer, deben recurrir a las gratificaciones. Experimentar placer no requiere de ningún proceso mental voluntario complicado. Se trata de sentir. Por otro lado, las gratificaciones son actividades con las que disfrutamos, pero no se acompañan de un placer sensorial puntual. Ambas emociones positivas, a las que yo llamo el cemento de la felicidad, tienen una gran ventaja: transcurren en el presente. Incluso cuando evocamos un recuerdo, al traerlo al presente podemos experimentar gratificación e incluso placer.

Cuando quieras construir tu edificio de la felicidad, deberás ir colocando los pisos de tus fortalezas, cualesquiera de las veinticuatro fortalezas universales que son el camino hacia la virtud. Pero para ir construyendo de una manera sólida necesitarás bataches, una sierra radial (siempre hay algo que cortar o perfilar) y cemento. El cemento para construir tu bienestar son las emociones positivas. La sierra radial es tu carácter, lo que te mantiene en el camino y evita las aristas; a veces incluso corta por lo sano con algo. Los bataches son la cimentación por bloques pequeños, sólidos y bien estructurados, que aseguran que asienten sin fisuras las plantas superiores de una construcción. Los bataches o cimientos son tus fortalezas. No te olvides de tus emociones, y trata de festejar cualquier cosa que merezca tu alegría, reconocimiento o satisfacción. Hay mucho que agradecer y celebrar.

Conclusión para estar bien

El miedo nos impide soñar y cuando conseguimos soñar, nuestras acciones deben seguir a las ideas que nuestra mente dibuja. Emprender empieza con un movimiento en algún sentido. La libertad de hacer lo que has imaginado es la más auténtica de todas. Una libertad que te protege de la frustración de no hacer lo que te habías propuesto, o de nunca pasar a la acción y quedarte siempre hablando de lo que vas a hacer y nunca haces, y de las muchas barreras que te imaginas, excelentes excusas para no hacer lo que quieres.

Hay que abandonar esa actitud de impotencia ante cosas que queremos hacer y no hacemos. Porque nos frustra y hace aún mayores las barreras que te pones y que frenan tu libertad. Es importante soñar e imaginar, pero aún lo es más dar forma a tus sueños y actuar.

Cuando hablo de cuestionarlo todo no estoy diciendo que dudes de todo, sino que tengas más información de aquello que te interesa. No es tanto el problema de no saber, sino de no querer saber. Las preguntas bien planteadas te ofrecen respuestas que enriquecen.

Como en tantas ocasiones se dice, no es tanto saber lo que quieres como lo que no quieres. Con la felicidad pasa algo parecido: sabemos qué se siente, e incluso que se alcanza la felicidad a través de diversos caminos, pero quizá sea más útil saber dónde no se encuentra: en el conformismo y en la rutina. La felicidad tampoco se halla en el reconocimiento de que tienes limitaciones o que haces las cosas mal. Huye de estos lugares. Aléjate tanto como de una persona que no te aporte felicidad. La diferencia es que a estos lugares llegas porque quieres, o mejor dicho, porque no te quieres. La felicidad no está fuera, sino en un lugar más cercano: dentro de ti.

Si vives intensamente cada minuto no tendrás la sensación de que deberías estar en otro lugar, y no cometerás el error de olvidarte de vivir el ahora, el presente. La vida se compone de momentos de mucha acción y adrenalina, y de otros más tranquilos. Los contrastes permiten cargar energías agotadas y reposar mentes que han estado muy activas. Es necesario el equilibrio que requiere de una cosa y la contraria, del yin y del yang. Pero cualquiera que sea el momento que hayas escogido, párate de vez en cuando a pensar y evaluar lo que estás haciendo. Si te gusta y es tu decisión, disfruta de tu momento. Pero si crees que deberías actuar, es el momento de pensar en ello, porque las decisiones se toman en el ahora, en tu presente más consciente. No te pierdas el presente pensando en el pasado o imaginando el futuro. La vida ocurre siempre en el ahora.

Si aceptas los malos tragos no vas a ser más feliz, pero sí evitarás la infelicidad que viene de no aceptarlos. De la misma forma que reconocer un error te aproxima a evitarlo o corregirlo, aceptar lo inevitable te ahorra la energía que requieres para seguir adelante, que emplearías en negar lo que no tiene ya solución posible. Acepta sólo lo que no puedes cambiar, y verás que la lista de cosas que no pueden ser cambiadas es más corta de lo que piensas.

Te pregunto ¿cómo quisieras tomar decisiones en tu vida? Imagino que desearás tener toda la información relevante y que querrás el tiempo adecuado para consultar a alguien que merezca tu confianza. ¿Por qué entonces quieres afrontar la vida y tomar decisiones caminando descalzo por las rocas afiladas que te obligan a encoger las piernas? Así es, exactamente, como te encuentras cuando tomas decisiones basadas en el miedo. El miedo te paraliza, te obliga a realizar movimientos que no quieres, saltos a ninguna parte para caer de nuevo en la roca afilada con la planta de tu pie. Debes moverte y vivir.

La tristeza se disfraza de falsa ética; crees que debes estar mal y que eso es respetuoso. ¿No te debes más respeto a ti mismo? La tristeza no es la falta de alegría, la tristeza es la señal que tu mente le da a tu cuerpo para que se venga abajo. Quizá no tengas motivos para estar alegre siempre, y es comprensible. Sólo los muy capaces llegan a ese estado de felicidad permanente, porque llegan a un nivel de conciencia alto. No te sugiero que alcances un estado de bienestar permanente; tan sólo que cuando la felicidad no te invada, te quede un estado sereno de conciencia y actitud. Una normalidad que no te hunda ni te llene de sensaciones negativas, de tristeza.

Celebrar el éxito o un hito relevante es de personas normales. Pero celebrar todo aquello que merece la pena y hacerlo frecuentemente es de los que aprecian la vida y viven el presente. Los placeres son la emoción positiva más básica. Le siguen las gratificaciones, que comparten con el placer que nos proporcionan sensación de gusto, pero se diferencian en que los sentidos se emplean con el placer y no con la gratificación. Experimentar placer es una habilidad repartida de manera desigual entre las personas, pero debe perseguirse y completarse con las gratificaciones. Para aquellos a los que los sentidos no le han proporcionado la capacidad de experimentar placer, le queda la gratificación que te absorbe ante un paisaje sobrecogedor, o una novela que te transporta con su lectura. Los placeres, a diferencia de las gratificaciones, pueden ser descubiertos, favorecidos e intensificados. Y las gratificaciones se relacionan con la puesta en marcha de tus fortalezas y virtudes personales. Asegúrate de que tienes una buena dosis de ambas en tu vida, y de que lo haces con cierta frecuencia. Al fin y al cabo, te lo mereces.

Con estas ocho actitudes auténticas he querido condensar y exponer un proceso de investigación propio en el que he ido creciendo interiormente. Entender lo que funciona y lo que no en tu vida, lo que te hace feliz y lo que te impide serlo, lo que te ilumina y lo que te ofusca, es un hallazgo trascendente para las personas. No es tanto actuar siempre correctamente, sino darte cuenta cuando no lo haces, y tener la voluntad de mejorar, de cambiar. Los capítulos que siguen tratan de explicar este proceso. Entremos pues en la felicidad, el amor, tu cuerpo y tu mente.

CAPÍTULO 2

LA FELICIDAD Y EL BIENESTAR COMO METAS

Decíamos en la introducción que la psicología se ha dedicado hasta hace poco tiempo a ocuparse de la enfermedad o de los trastornos, y ha dejado un campo fascinante virgen para el estudio: las personas sanas. ¿Qué hace que merezca la pena vivir? Los estados y las emociones positivas son una fuente inagotable de información que puede mejorar nuestra vida, en la medida en que mejora la felicidad y el bienestar. Como la inteligencia o la aptitud atlética, tenemos un rango de felicidad, unos valores mínimos y máximos en los que nos movemos. Dicho rango es una característica genética. Hay personas tristes y personas alegres. Pero todas tienen un rango de felicidad propio. La felicidad puede incrementarse en el rango mencionado y mantenerse más tiempo en la zona alta, un hallazgo que se ha producido con el desarrollo de la psicología positiva, donde investigadores como Martin Seligman, que presidió la Asociación Americana de Psicólogos y que dirige el departamento de psicología de la

Universidad de Pensilvania, han encontrado un terreno fructífero y práctico que todos podemos aprovechar en nuestro propio beneficio.

Lo primero que hay que destacar es que tú no haces cosas buenas porque tienes un conflicto de tu infancia no resuelto, un conflicto que definió Sigmund Freud y lo relacionó con la sexualidad y la agresividad. Un pintor extraordinario no lo es porque fuera maltratado por su padre, y el arte y la belleza le han llevado a evadirse con la pintura. Ni un empresario famoso o revolucionario como Bill Gates es el resultado de un afán de superación de su padre. Se trata de un postulado, el de Freud, que niega la existencia de obrar con justicia o cumplir con un deber, como una motivación básica del ser humano. Obrar correctamente y la inclinación natural hacia el bien, que es la bondad, no tiene un motivo encubierto y negativo que la sustenta, como piensan algunos freudianos. Como afirma Seligman, no existe prueba alguna de que la fortaleza y la virtud tengan su origen en motivaciones negativas. Siguiendo un razonamiento evolucionista, hasta nuestros días han llegado genes (y con ellos personas) que se inclinan hacia la bondad, el altruismo, la ética y la cooperación, pero también han llegado, fruto de la misma selección evolutiva, los genes que incitan al asesinato, al robo o al egoísmo.

Al referirnos a lo que significa la verdadera felicidad nos encontramos con la dificultad de su definición, ya que cada pensador, filósofo o escritor relevante la interpreta de una manera diferente. La felicidad tiene una difícil interpretación, pero resulta fácil sentirla o identificarla, y perseguirla es una motivación primaria del ser humano. Sin embargo, podemos recurrir a analizar los rasgos que son comunes a la gente feliz, y en ese terreno podemos movernos con el método científico, fundamental para sacar conclusiones válidas que podamos aplicar a nuestras vidas. Como adelanto, afirmo que la verdadera felicidad deriva de la identificación y el desarrollo de las fortalezas más relevantes de cada uno de nosotros, así como de su uso cotidiano en los diferentes planos de la vida: trabajo, amor, ocio y relaciones personales y familiares. Muchos autores y expertos han desarrollado esta teoría, que veo que confluye en conceptos abordados en *El Elemento* (Ken Robinson), *La auténtica felicidad* (Martin Seligman) o, incluso ochenta años antes, el polémico Bertrand Russell (Premio Nobel en 1950) en *La conquista de la felicidad*. La idea básica es que debemos descubrir estas fortalezas y a través de dichas habilidades realizarnos y alcanzar nuestro cometido en la vida, nuestro sentido de vida. Una característica clave de dichas habilidades es la ilusión o el entusiasmo que nos proporcionan y que nosotros utilizamos como energía vital que nos hace disfrutar de lo que hacemos, de lo que hacemos especialmente bien.

Las experiencias que provocan emociones positivas son una barrera protectora contra la infelicidad. Las fortalezas y virtudes de cada uno incrementan la capacidad de recuperación ante la adversidad.

¿Qué son las emociones positivas?

Hoy en día disponemos de mucha evidencia científica sobre cómo afectan los sentimientos y la personalidad positiva a nuestra salud y a nuestra expectativa de vida. Son dos indicadores fáciles de medir: la ausencia de enfermedad y la longevidad.

Quizás el estudio más relevante sobre la felicidad lo han propiciado las 178 monjas del trabajo publicado en el *Journal of Personality and Social Psychology*, 80, (2001), 804-813. Aisladas del entorno en su convento de clausura de la escuela de las Hermanas de Notre Dame en Milwaukee, son una muestra extraordinaria para investigar. La misma alimentación, los mismos hábitos y rutinas, el mismo ambiente, el mismo estrés (o su ausencia), las mismas motivaciones aparentes... ¿Podríamos encontrar diferencias en la longevidad atribuidas al optimismo de estas monjas? La fuente de información fueron las autobiografías que las propias monjas habían realizado por orden de la madre superiora. Se analizaron todos los textos con detenimiento y se clasificaron las emociones descritas, clasificando factores diversos como el grado de infelicidad expresado, la ilusión por el futuro, la devoción u otros aspectos. Pero ninguno demostró diferencia que explicara la expectativa de vida de Cecilia, que vivió noventa y ocho años, y de Marguerite que falleció poco después de un derrame cerebral a los cincuenta y nueve años. Tan sólo la emotividad positiva detectada se encontró como factor que las diferenciaba desde un punto de vista estadístico. Una monja feliz es una monja longeva.

Otro estudio estableció la mayor longevidad en los actores galardonados con un Oscar en comparación con los actores de las mismas películas que no obtuvieron dicho galardón. El estudio publicado en *Annals of Internal Medicine*, 134, (2001), S6 concluye que las personas felices viven más.

El último estudio que considero muy interesante lo realizaron investigadores de la Universidad de California en Berkeley. Se trata de expertos capaces de analizar la autenticidad de las sonrisas en las fotos del anuario de la clase. Aunque no lo creas, no eres capaz de simular una sonrisa sin que un experto note si estás moviendo dos músculos clave en la auténtica sonrisa: el *orbicularis oculi* (que rodea el ojo) y el *zygomaticus major* (oblicuo, pequeño y rectangular que recorre un tramo de la mejilla). Psicólogos experimentados revisaron las fotos y clasificaron las sonrisas del anuario de fin de curso, diferenciando las auténticas (que incluían contraer los mencionados músculos) de las falsas. Las mujeres que sonreían de forma genuina tenían más posibilidades de ser felices en su matrimonio y en la vida. Resultados predecibles por un mera contracción del contorno de los ojos. Por supuesto, también se analizó si la belleza de algunas les había hecho más felices, pero no se halló una correlación estadística. Tan sólo la sonrisa auténtica era el elemento que predecía la felicidad futura.

De estos estudios sacamos algunas conclusiones. De la misma forma que la medición de la tensión arterial o del colesterol nos predicen nuestra salud cardiovascular, la felicidad expresada en unos escritos, o la simple toma de muestra de una sonrisa, resultan ser un valor predictivo de la longevidad y felicidad en el matrimonio y en la vida.

La consecución de la felicidad no responde a un manual detallado ni a un camino claro. La búsqueda del placer, el hedonismo, ha sido objeto de estudio por destacadas figuras como el premio Nobel Daniel Kahneman. Uno de sus hallazgos es que nos quedamos siempre con el desenlace, más que con la experiencia. Quiere decir que se ha demostrado que tras experiencias negativas, como sufrir una molesta colonoscopia, si al final de la misma, en lugar de mover el aparato por el recto, se queda dentro un minuto más pero quieto, un minuto innecesario más, pero sin moverse y provocar dolor y molestia, los sujetos guardan un recuerdo mejor. Les queda más el desenlace de su experiencia, el final, que los incómodos minutos anteriores. Este experimento, realizado en los años noventa cuando las colonoscopias eran dolorosas, demostró que los pacientes con una prueba más larga y molesta, podían tener un recuerdo mejor tan sólo haciendo mejores los últimos dos minutos, dejando inmóvil el colonoscopio. Los desenlaces nos marcan más que las experiencias. Por ejemplo, la forma de acabar una relación marcará mucho más nuestra percepción de la misma que toda la relación. Quizá sea injusto, pero nadie dijo que nuestra mente sea equitativa.

Los sentimientos positivos son un derecho que nos ganamos, o al menos, eso creemos. Hemos inventado «pastillas de pseudo felicidad» como las drogas, el chocolate, el alcohol, ir de compras o el sexo sin amor. Actividades que no tienen por qué abandonarse, excepto las que claramente van contra la salud de uno mismo, como las drogas de abuso. Acudimos a estas actividades para obtener alegría, consuelo y éxtasis. Pero no es lo mismo obtener estos sentimientos a través de nuestras fortalezas y virtudes personales. Cuando se obtienen desde la fortaleza de una virtud, el efecto que producen se amplifica y tenemos la sensación placentera, la serenidad de hacer lo correcto. La satisfacción obtenida así es un placer más duradero y de naturaleza más profunda. No quiero trasladar con esto que haya que evitar los placeres rápidos o momentáneos de la vida, en absoluto. Más bien al contrario: si a esos placeres se le suman algunas virtudes cultivadas, el resultado es maravilloso. Por ejemplo, el sexo o el juego con la virtud del amor, disfrutar de una buena comida en la compañía adecuada con la virtud de la generosidad, o enseñar un camino correcto a alguien que lo ha perdido, mostrando también tu parte más generosa.

Recientes investigaciones también han proporcionado algunas explicaciones de los beneficios de las emociones positivas, más allá de lo agradable que nos resultan. Si de una manera congénita nos hallamos en un rango de afectividad positiva determinado, que estemos más arriba o más abajo depende de factores en los que podemos influir. La selección natural no se ha entusiasmado solamente con los individuos optimistas, ya que la seca vida emocional tiene aplicación en tareas que requieren de sangre fría, de mente calculadora y especialmente resistente a mostrar emociones. La evolución nos ha traído a todos hasta aquí, por diversas razones. Pero volviendo a nuestro razonamiento, una persona puede ser feliz aunque no esté demasiado dotada para las emociones positivas. Para ello deberá alcanzar su rango más alto de emotividad positiva.

¿Qué medimos cuando hablamos de felicidad?

Kahneman tiene el raro mérito de haber recibido un Nobel de Economía en 2002 siendo psicólogo. Desde un punto de vista metodológico, su trabajo ha sido crucial y ha puesto en evidencia que mucha de la producción literaria sobre la felicidad ha tenido un enfoque erróneo desde su concepción. La razón de eso es que no es lo mismo sentirse feliz que estar feliz. No es lo mismo pensar en lo feliz que has sido que estar feliz en el presente. Tenemos dos entidades diferentes de nuestro yo: el que experimenta el presente y el que recuerda las experiencias pasadas, y las convierte en historias que regresan a nuestro presente. Nuestra memoria son las historias que hemos creado, donde antes hemos visto que el final es muy relevante. En una consulta del médico, el yo presente respondería a qué nos duele ahora, y el yo pasado lo haría a la pregunta de cómo nos sentimos últimamente. Nuestro presente se compone de espacios de unos tres segundos que vamos perdiendo en el olvido. Sólo recordamos lo que conlleva un cambio, y lo que es rutina queda en el olvido. Por esta razón, dos semanas seguidas de vacaciones podrían tener el mismo impacto en nuestra felicidad percibida que una sola semana, ya que el tiempo influye poco porque no somos capaces de recordar nada más que unos pocos instantes, en comparación con los miles de paquetes de tres segundos experimentados, unos 200.000 semanales. Por ello, el estudio de la felicidad no ha podido ser abordado de una manera correcta hasta introducir dos aspectos: la felicidad percibida en el momento presente (cómo nos sentimos ahora) y la que nos lleva a recordar la felicidad en relación a nuestra vida pasada (la felicidad recordada). Abordar el estudio de la felicidad sólo ha sido posible al diferenciar estas dos entidades: la presente y la que nos trae las historias que busca en el baúl de los momentos perdidos.

Protección frente a la adversidad

Una de las ventajas más sorprendentes que poseen las personas felices es su capacidad de enfrentarse a las adversidades. Para demostrar esta teoría se han realizado algunos experimentos muy curiosos y sencillos. La gente feliz debería resistir el dolor en mayor medida que el resto, por ejemplo el producido por la inmersión de la mano en un cubo de agua helada. La correlación es asombrosa y la ha demostrado Rick Snyder, profesor de Kansas y otro de los padres de la psicología positiva. Se realiza un test de emociones positivas y la capacidad de aguantar la mano dentro del cubo con agua helada sigue el patrón esperado: aguantan más los que tienen las puntuaciones más altas en el mencionado test. La gente feliz no sólo aguanta más el dolor, sino que toma más precauciones en relación a su estado de salud y su seguridad, y sus emociones positivas anulan a las negativas, actuando como una especie de vacuna preventiva, protectora.

La danza de la felicidad

El rostro es una de las estructuras más eficaces para comunicar que existe entre las personas. En las primeras fases de nuestra vida, una sonrisa de la madre provoca la respuesta inmediata del bebé. Se trata de un tipo de aprendizaje necesario y vital para desarrollar no sólo emotividad y empatía, sino para constituirse en una persona habilidosa socialmente. Los vínculos de amor en esta fase del desarrollo lo denominan los etólogos el «apego seguro». La perseverancia, la resolución de problemas, la independencia, la curiosidad y el entusiasmo son capacidades que se cultivan en esa fase del apego seguro. Experimentar emotividad positiva sirve para el amor y para la amistad. Cuando somos felices nos centramos menos en nosotros mismos, las personas nos parecen más interesantes y deseamos interactuar más con ellas, incluso con las personas desconocidas. Pero cuando estamos depresivos nos volvemos desconfiados e introvertidos y nos centramos en nuestras propias necesidades, afirma Martin Seligman. Y es entonces cuando nos puede llegar a obsesionar ser el número uno, el mejor o la más bella. Todas las obsesiones producen frustración e infelicidad.

Una de las demostraciones de que existe esa danza de la felicidad se produce no sólo entre una madre y su hijo, sino entre dos personas que se quieren. Las palabras pueden no aparecer, pero la mirada les dice a cada uno lo que sienten. Y en ese momento el aire falta en los pulmones al tiempo que sentimos que nos elevamos. Mirada, suspiro y entusiasmo. Y vuelta a empezar. Una danza que provoca enormes beneficios físicos y psíquicos.

La fórmula de la felicidad

Martin Seligman ha formulado una ecuación de la felicidad:

$$\text{FD} = \text{Rango} + \text{Circunstancias} + \text{Voluntad}$$

El FD es el nivel de felicidad duradera, R el rango fijo de cada individuo, C las circunstancias de su vida y V los factores que dependen de su voluntad. La voluntad es el aspecto más importante que aborda la psicología positiva. Al menos, supone la única variable enteramente dependiente de nuestra forma de actuar.

La felicidad duradera (FD) se contrapone a la felicidad por momentos, que es la que se produce por pequeños brotes, incluyendo comer chocolate, ir al cine, o comprarse un DVD. Los expertos auténticos en este tipo de felicidad somos nosotros mismos: sabemos qué hacer para incrementar esos *felicines* (tomo la palabra de mi amigo y excelente *coach* Antonio Moar). Pero la felicidad duradera es otra cosa, ya que no puede incrementarse, según la ecuación de Seligman, a través de estallidos de felicidad momentáneos.

Según los datos que disponemos en la actualidad, el 50% de casi todos los rasgos de personalidad son atribuibles a la herencia genética. Pero un rasgo, aún siendo genético, puede alterarse. Algunos son fuertemente congénitos, como la altura, el peso, o la orientación sexual, y cambian poco o nada. Pero existen otros rasgos que pueden cambiarse, como el miedo o el pesimismo, afirma Seligman.

El rango de felicidad es fijo por definición, como hemos visto. De nuestros progenitores heredamos un rumbo hacia una tierra determinada a la que nos dirigimos inexorablemente, un rumbo marcado hacia un lugar específico de felicidad o de tristeza. Es posible rebelarse contra los impulsos del rumbo genético, especialmente cuando nos llevan a la tristeza o al pesimismo. En personas que han resultado ganadoras de un premio de lotería se ha podido comprobar que, tras la alegría inicial y al cabo de un tiempo, todos sin excepción vuelven a su estado inicial de felicidad, vuelven a su rango. Pero también funciona al revés como un mecanismo de rescate: cuando sufrimos avatares negativos en nuestras vidas y la tristeza nos invade como consecuencia de un acontecimiento o de una depresión, también el piloto automático nos permite recuperar el rango mínimo de nuestra felicidad. Salir de nuestro rango, por arriba o por abajo, nos lleva, tarde o temprano, a volver a entrar.

De todos es sabido que nos acostumbramos a las cosas buenas. Se han realizado estudios que han tratado de averiguar si el rango de felicidad duradera se incrementaba de manera sostenida ante los logros deseados por las personas. Dichos logros son chutes de felicidad momentánea, que hemos denominado *felicines*. Son importantes también, pero no nos permiten alcanzar un nivel mayor de felicidad duradera. Es como si estuviéramos anclados genéticamente en un nivel cuántico de felicidad[1] y que los *felicines* nos proporcionaran un nuevo nivel durante unos instantes, como si de un salto cuántico se tratara, pero trascurrido su efecto, vuelve a nuestro nivel habitual. En conclusión, los grandes logros o las cosas buenas ejercen una influencia casi nula en nuestra felicidad duradera, afirma Seligman. Los estudios e investigaciones han puesto de manifiesto las siguientes conclusiones:

– Ser despedido o ascendido en el trabajo pierde su efecto sobre nuestro nivel de felicidad en tres meses.

– La riqueza guarda una relación sorprendentemente baja con nuestro nivel de felicidad. El dinero no proporciona felicidad y tenerlo en nuestra escala de valores en un nivel elevado es un determinante de infelicidad.

– El atractivo físico no incide demasiado en la felicidad.

– La salud física objetiva, quizás el más valioso de los recursos de que disponemos, apenas guarda relación con la felicidad.

En estas conclusiones de las investigaciones más recientes sobre qué influye en nuestra felicidad duradera, subyace la capacidad del ser humano de adaptarse a las nuevas circunstancias. Nos adaptamos a lo bueno tan rápido como soportamos la adversidad. Pero hay excepciones. Existen sucesos que nos impiden una

1 Salto cuántico: La materia se compone de átomos. Los átomos poseen electrones que giran alrededor del núcleo de protones y neutrones en órbitas fijas a diferentes distancias. Como un sistema planetario que gira alrededor del astro más grande. La "órbita" a la que giran los electrones es la misma siempre. Giran a una distancia permanente, que sólo puede ser modificada mediante una descarga energética suficiente que consiga incrementar el nivel de excitación del electrón, elevándolo a un nuevo nivel de mayor energía. Este hecho en física se denomina salto cuántico, que supone el paso de un nivel de energía menor a otro mayor (electrón excitado) sin que haya un camino o trayectoria. Sencillamente cambia de nivel energético.

adaptación normal, que puede tardar años en llegar o no llegar nunca. La muerte de un hijo, de un cónyuge en circunstancias repentinas como un accidente pueden hacernos caminar por el terreno de la aflicción, la depresión o la infelicidad más tiempo del que resulta normal en el ser humano adaptado. En resumen las variables incluidas en la ecuación bajo el Rango, incluyen nuestro rango fijo de felicidad (determinado genéticamente), el piloto automático que actúa como una fuerza que nos sitúa en el rango de nuevo cuando lo hemos abandonado por arriba o por abajo en el nivel de felicidad, y la capacidad de adaptarse al nuevo entorno tras una descarga de *felicines*, que hace que se pierda el nivel cuántico provisional alcanzado.

Pero la ecuación tiene más variables: las circunstancias de la vida y los factores que dependen de nuestra voluntad. Ambas variables resultan decisivas en la ecuación.

LAS CIRCUNSTANCIAS Y LA FELICIDAD

¿Son las circunstancias tan importantes?

La psicología positiva nos ha proporcionado herramientas para comprender mejor la felicidad, y nos permite comparar y analizar factores diversos y la manera en que contribuyen a la felicidad duradera. Veamos algunos factores que ha investigado Seligman y cómo pueden contribuir a la ecuación de la felicidad que hemos visto.

El **dinero** es un factor ambiguo en influencia sobre la felicidad. Afecta a la felicidad cuando nos movemos en umbrales muy bajos de recursos económicos. En cuanto el PIB supera los 8.000 dólares por persona, no hay correlación entre riqueza añadida y felicidad en ningún país estudiado. Otorgarle al dinero más relevancia en nuestra escala de valores hace que seamos más infelices. El materialismo es contraproducente en todos los niveles de riqueza y países estudiados. Valorar el dinero más que otros objetivos hace que siempre se esté menos satisfecho con los ingresos y con la vida. Jean-Paul Sartre decía que lo importante no es tener lo que se quiere sino querer lo que se tiene. La razón de que esto sea así sigue siendo un misterio.

El **matrimonio** hace feliz a la gente felizmente casada. O dicho de otra forma, entre las personas casadas en las que su matrimonio lo clasifican como «no muy feliz» el nivel de felicidad es menor que el de los solteros o divorciados. También vivir con la persona amada se asocia a mayores niveles de felicidad, sin estar casados. Además, las personas casadas suelen ser, en general, más felices, en comparación con las personas solteras, divorciadas, separadas y viudas. Los beneficios de estar casados se mantienen independientemente de la edad, el género y el nivel de ingresos. Pero esto es pura estadística y las conclusiones hay que tomarlas con cautela.

La **vida social** es propia de las personas muy felices y algo que las diferencia especialmente de las personas infelices, pero no se sabe si es causa o efecto. Es decir, si se es más feliz también resulta más probable que uno sea socialmente más aceptado y se propicie el éxito social y las relaciones personales positivas.

De las **emociones negativas** tenemos algunos datos interesantes que muestran que sufrir más desgracias de la cuenta no implica que uno no pueda también experimentar muchas alegrías. Hay evidencias sólidas que niegan la relación inversa entre emociones negativas y positivas; unas no se incrementan a costa de las otras. Aunque si se tiene una gran cantidad de emotividad negativa en la vida, quizás uno posea una menor emotividad positiva que la media, pero no significa que estés condenado a una vida sin alegría. Lo contrario también es válido, según los datos disponibles, pero de una manera parcial: una gran cantidad de emociones positivas sólo protege de forma moderada de los malos avatares. Recordemos que las emociones positivas son sólo una parte de lo que determina la felicidad duradera.

La **edad** ha tenido resultados contradictorios en cuanto a su influencia en la felicidad percibida. Un estudio muy completo habla de tres elementos constitutivos de la felicidad a medida que la edad avanza: satisfacción con la vida, afectividad agradable y afectividad desagradable. La satisfacción con la vida aumenta ligeramente con la edad, la afectividad agradable se reduce un poco y la afectividad negativa no cambia. La edad y la experiencia hace que te sientas menos en los extremos: ni en la cima del mundo ni en la más profunda de las desesperaciones.

La **salud** tiene dos componentes: uno subjetivo y otro objetivo. La salud subjetiva que mostramos no se ve disminuida cuando nos afecta una enfermedad, contrariamente a lo que se pudiera pensar. Sí se afecta cuando son varias las afecciones que se padecen. Los estudios son concluyentes en este sentido: es más importante nuestra percepción de la salud que la salud real. Sólo las personas muy enfermas tienen más tendencia a la infelicidad. Por sorprendente que parezca, las personas enfermas de cáncer difieren sólo ligeramente respecto a las personas sanas en su satisfacción global con la vida.

El **nivel de estudios**, el **clima** del lugar donde se vive y el **género** no determinan una mayor felicidad de manera general. Un nivel de estudios adecuado nos proporciona la posibilidad de mayores ingresos, como la mayor inteligencia nos ofrece más probabilidad de éxito. Pero ninguno de los dos, estudios e inteligencia, influyen de manera destacada en la felicidad duradera. Tampoco las personas que viven en climas soleados son más felices que los que habitan climas nórdicos y gélidos, que sufren la venida del invierno con tendencia a la depresión. Crisis momentáneas que se superan, tanto en climas soleados como en el crudo invierno. El efecto observado en el estado de ánimo al mudarse de una ciudad con clima gélido al sol caribeño se produce por el «enigma de la experiencia pasada» de Kahneman: imaginamos que seremos felices y ésa es la historia que recordamos (la que nuestra mente ha imaginado) al llegar al clima cálido y soleado. Sin embargo, ninguno de los indicadores investigados demuestra que se es más feliz. El género tiene relación con el estado de ánimo. De manera general, no se diferencian hombres y mujeres, pero las mujeres son más felices y más infelices que los hombres; digamos que se encuentran en los extremos más variables, mientras que los hombres se establecen en un rango más estrecho de felicidad. Sí, el hombre es más estrecho.

La **religión** tiene un efecto claro en la vida social y en la salud. Muchas religiones rechazan las drogas, los delitos o la infidelidad, como también fomentan la caridad, la moderación y el trabajo. Los estudios muestran que los creyentes están algo más satisfechos con la vida y felices que los no creyentes. Es probable que el denominador común de las religiones, respecto a la esperanza en el futuro y el sentido que otorgan a la vida, sea la explicación de estas diferencias. Pero no se ha establecido una relación causal entre ausencia de depresión y mayor resistencia a la tragedia en las personas creyentes respecto a las agnósticas.

Como conclusión, si deseas elevar de manera permanente tu rango fijo de felicidad duradera y actuar sobre las circunstancias de la ecuación, éstos son los aspectos que deberías tener presente:

– Vive en pareja o contrae matrimonio. Tiene un efecto intenso, pero no causal ¿Será porque los extrovertidos son más apetecibles como pareja? Digamos que confirmaría que los extrovertidos y socialmente activos, escasean o no suelen estar disponibles, al ser «fichados» con más frecuencia. Esto es una hipótesis, claro está.
– Si evitas acontecimientos negativos y emociones negativas conseguirás un efecto moderado.
– Ten un rico y variado entramado social. Como antes, el efecto es intenso, pero sin relación causal establecida de forma categórica.
– Si tienes fe tendrás también un efecto moderado en tu felicidad.

Quizá si sumas todos los efectos leves o moderados descritos podrás situarte en la parte alta de ese rango de felicidad fija en el que nos movemos. Pero más importante que lo que podemos hacer es aquello que no merece la pena hacer, porque tiene un efecto nulo en nuestra felicidad duradera, lo que ha sido demostrado en estudios muy completos y exhaustivos.

No pierdas el tiempo en hacer estas cosas; no influyen en tu felicidad:

- Ganar más dinero, salvo que estés en una situación económica muy deprimida o te hayan embargado, no te proporcionará más felicidad. Si el dinero se encuentra en el rango alto de tus prioridades, céntrate en otras que te produzcan un mayor retorno en forma de felicidad. Tus hijos, tus amigos, tus aficiones o tu pareja puede ser una mejor alternativa en tu lista de preferencias.
- Gozar de buena salud de manera objetiva. Lo que importa no es cómo estás de salud sino la percepción de tu salud y cómo te sientes. Casi la mitad de la población española tiene alguna patología crónica, pero entre esta población y los que no padecen nada, no existen diferencias en el estado de felicidad percibida.
- Conseguir títulos académicos o profundizar en el nivel de estudios no tiene ningún efecto sobre la felicidad.
- Vivir en un clima más soleado tampoco tiene efecto alguno en la felicidad duradera.

Afirma Seligman que aunque pudiéramos cambiar todos los parámetros que acabamos de ver de la ecuación de la felicidad que se incluyen en las circunstancias, no notaríamos un gran cambio, ya que apenas incrementaría entre un 8 y un 15% nuestro rango de felicidad.

Las variables que sí podemos controlar y ejercen más influencia en la felicidad son las que dependen de tu voluntad. Si dedicamos el esfuerzo suficiente a influir y cambiar dichas variables podrías conseguir cambios permanentes en tu nivel de felicidad duradera.

Felicidad duradera versus placer transitorio

Averiguar las condiciones que nos sitúan en el rango más alto de nuestra felicidad es posible. Para ello, vamos a analizar el tipo de emociones positivas que podemos experimentar desde un plano temporal, clasificándolas en pasadas, presentes y futuras.

Emociones positivas futuras: optimismo, esperanza, fe y confianza, entre otras.

Emociones positivas presentes: alegría, éxtasis, tranquilidad, entusiasmo, euforia, placer y fluidez, por ejemplo.

Emociones positivas del pasado: satisfacción, complacencia, realización personal, orgullo y serenidad, son una buena muestra.

El ámbito temporal es un muro separador potente de las emociones positivas. Dichas emociones no están conectadas y se influyen poco o nada. Por ejemplo, una persona puede estar muy satisfecha con su vida pasada y tener poca satisfacción en su vida presente. También se puede disfrutar de muchos placeres en el presente y estar poco satisfecho con el pasado y sin esperanza con el futuro.

Aprendiendo sobre los distintos tipos de felicidad, podemos encauzar las emociones positivas que serán así el combustible que nos permita mantener o retomar el rumbo a nuestro rango más alto de felicidad duradera. Para ello debemos cambiar la forma de experimentar sentimientos sobre el pasado, la manera de pensar sobre el futuro y la de vivir el presente.

La satisfacción con la vida: pasado, presente y futuro

Las emociones que podemos experimentar en relación a nuestro pasado pertenecen a un amplio abanico, incluyendo la resignación, la serenidad y la satisfacción, pero también la ira vengativa o la amargura. De esta forma, las emociones están determinadas por los pensamientos del pasado. Cuando alguien está triste le resulta más fácil evocar recuerdos tristes que felices. Pero no resulta tan fácil en la práctica. Las dos corrientes que disputan el conocimiento sobre si el pensamiento determina la emoción o es la emoción la que determina el pensamiento, se atrincheran en una de las grandes discusiones de la psicología. Freud y los conductistas eran de la opinión de que la emoción dirige el pensamiento. Pero aparecieron los cognitivistas que estudiaban el pensamiento. El teórico más relevante es Aaron T. Beck que afirmó que la emoción siempre es generada por la cognición, por el pensamiento, y no al revés. La idea del peligro genera angustia. Cuando no es real, cuando se trata de un peligro que nos estamos imaginando, la tensión sube, se produce secreción de adrenalina y preparamos la huida o la lucha. No hay nada real, sólo está en nuestra mente, pero es su pensamiento lo que ha desencadenado la emoción. Analizar detenidamente la serie de pensamientos que nos han llevado hasta ese supuesto peligro es la clave para su control. Ante los ataques de ansiedad que padecen algunas personas se produce una interpretación errónea de los síntomas de la propia ansiedad, y por esa razón creen que les está faltando el oxígeno o les va a dar un ataque al corazón por el incremento de sus latidos.

El reto de la psicología se centra en establecer las circunstancias en las que el pensamiento guía la emoción (cognitivistas) y aquellas en las que es la emoción la que guía el pensamiento (Freud y los conductivistas). Los expertos hablan de que emoción y pensamiento se orientan de manera recíproca. Una vez más, entre el blanco y el negro hay escalas de grises, y la razón no se encuentra en ninguno de los dos bandos de manera completa.

Nuestra vida es emocional e instantánea en muchos casos. Incluso cuando tomamos una decisión, como analizamos posteriormente en el capítulo 5, el de la mente, lo hacemos sin información consciente la mayoría de las veces, actuando con datos que están almacenados en nuestro inconsciente. Digamos que hay muy poco pensamiento detrás de esa decisión. Cuando experimentamos placer sensual o éxtasis tan sólo sentimos, no realizamos un proceso cognitivo y racional sobre el placer en sí mismo para poder experimentarlo. Pero si se trata del pasado, entonces sí necesitamos evocar recuerdos para que el sentimiento, o la emoción que lo acompaña, emerja. Digamos que las emociones relacionadas con el pasado están guiadas por el pensamiento y la interpretación que hacemos. Por eso, es fácil entender que podemos ser prisioneros del pasado, a través de la interpretación que hacemos del mismo. Pero es necesario romper esas cadenas, porque es nuestra interpretación la que nos condiciona y atrapa.

Si eres de los que cree que el pasado determina tu futuro, tienes un alto componente pesimista en tu mente, y quizá tu rango de felicidad esté en la zona baja. Es posible que algunos traumas de la infancia influyan en la personalidad adulta, pero de forma apenas perceptible. No nos gobierna nuestro pasado fáctico, al menos no en mayor grado que nuestra genética. Aunque se han realizado muchos estudios para intentar demostrar que los traumas infantiles son determinantes en la personalidad adulta desarrollada, contienen imprecisiones y errores metodológicos. Además, no han tenido en cuenta la genética, como lo han hecho y están haciendo otros estudios. Las conclusiones actuales van más en la línea de que nuestro futuro está influido por nuestra condición genética de forma importante y por nuestra predisposición a afrontar el reto de la vida de una manera y no de otra. De esta forma, rasgos como la inteligencia, la ira, la depresión o la satisfacción laboral son más similares en gemelos univitelinos (idénticos) criados por separado que los gemelos bivitelinos (no idénticos) criados juntos. Digamos que la genética condiciona más que el entorno.

¿Cómo manejar la ofensa y la gratitud?

Existe la creencia de que las emociones deben salir de alguna forma de nuestro interior y que es bueno hacerlas aflorar siempre. Si no expresamos nuestra rabia, ésta saldrá por otro lugar, en forma de quién sabe qué patología física o mental. La culpa de esta creencia errónea la tiene la «psicodinámica» de Freud y sus seguidores. Los expertos en la actualidad la consideran falsa, o al menos, inútil en la creencia de que lo arregla todo. Es cierto que resulta fácil explorar el pasado traumático de algunos individuos, pero el efecto de remover la mente es como remover el fondo de un río con agua razonablemente limpia, pero con sedimentos turbios en el fondo. Todo se vuelve oscuro y el agua puede dejar de ser límpida y potable. La mente de un individuo con patología puede descolocarse tras remover en su pasado, y puede no recolocarse sin trauma adicional. Por eso muchos investigadores ahora consideran que es mejor evitar que afloren las emociones negativas poderosas, ya sean un trauma de la infancia o una emoción negativa del pasado reciente, como la ira. De hecho, centrarse más en la expresión de la cólera que en su evitación provoca más enfado, mucha intensidad emocional negativa y más enfermedades cardiovasculares. Las emociones se recubren de una membrana permeable que las deja pasar en uno y otro sentido. El estallido emocional va en el sentido de intentar compensar la emoción que existe a ambos lados de esa membrana imaginaria. Se trata, según Seligman, de una «ósmosis emocional» cuya energía se tiende a compensar, a igualar filtrándose a través de la membrana y recuperando con el tiempo su estado natural. Por ello, si damos el tiempo oportuno, como contar hasta diez, una emoción se filtra y se desvanece. Pero si le hacemos demasiado caso y la expresamos como es el caso de la ira, acaba atrapándonos y multiplicándose en una espiral ascendente. Esto también ocurre con los agravios pasados, que forman un círculo vicioso de rencor acumulado en el tiempo que se revitaliza al darle nueva energía desde nuestro recuerdo.

En resumen, nuestra serenidad y nuestra felicidad se altera y disminuye si disfrutamos menos los buenos momentos pasados o si enfatizamos demasiado los malos. Para ello tenemos dos formas de ser más felices: mediante la gratitud, porque aumenta el disfrute de los buenos momentos pasados, y reescribiendo nuestro pasado, especialmente el que consideramos ofensivo, para transformar los malos recuerdos en buenos. Veamos cómo.

La gratitud es un potente activador de la felicidad

La diferencia entre hacer algo divertido y hacer algo altruista nos ilustra de manera muy clara sobre la capacidad de influencia que tiene sentirse bien con uno mismo, un efecto que se traslada a nuestra sensación de felicidad. Un estudio ha analizado lo que ciertas personas anotaban diariamente sobre las cosas por las que creían que debían estar agradecidos. Alegría, satisfacción y felicidad se dispararon en los sujetos agradecidos. Quiere decir que buscar el agradecimiento de esta forma tan sencilla, como anotar lo que te parece puede ser motivo de agradecimiento, mejora los niveles de felicidad.

El ejercicio recomendado, si eres de los que crees que tampoco tienes tanto que agradecer a las personas o a la vida, es anotar en una libreta durante quince días tus razones para estar agradecido. Realiza el ejercicio durante cinco minutos cada día. Deberías notar un cambio importante en relación a tu nivel de gratitud, comparando las cinco cosas que anotaste el primer día antes de comenzar el ejercicio, con lo que has ido anotando cada día. Al hacerlo, verás que el valor de tu gratitud crece con tu satisfacción. Y si te va bien, conviértelo en una rutina.

PERDONAR Y OLVIDAR PARA ROMPER EL CÍRCULO VICIOSO

Cuando un buen momento no se olvida, se hace eterno. El tiempo se detiene, pero lo que es más importante, su recuerdo es motivo de gratificación y felicidad. Todo lo que sentimos acerca del pasado depende por completo de los recuerdos, los buenos y los malos. Para perdonar, debemos en primer lugar encontrar argumentos y razones que nos permitan reescribir el recuerdo en nuestra memoria. Nos cuesta mucho perdonar, por diversas razones que incluyen que perdonar es injusto, que puede producir amor por el verdugo o falta de amor por la víctima, o porque impide la venganza. Perdonar nos cuesta porque nuestra naturaleza nos hace implacables con quien nos ataca o agravia.

Como dice Everett Worthington: «No puedes hacer daño al culpable no perdonando, pero puedes liberarte perdonándolo». Lo que sí está demostrado es la relación clara y directa entre el acto de perdonar y la satisfacción con la vida. Y lo dispuesto que uno esté a perdonar depende tanto de su capacidad de valorar la situación como de su personalidad. Sin duda, otro rasgo de los muchos que nos caracterizan.

Las ventajas de ser optimistas y la esperanza

Las emociones positivas sobre el futuro incluyen la fe, la confianza, la seguridad, la esperanza y el optimismo. El grado de optimismo es un rasgo de cada individuo y puede averiguarse realizando algunos tests muy precisos al respecto. Puedes entrar en www.authentichappiness.org y completar algunos de estos cuestionarios. Pero seguro que sabes si eres una persona optimista. Muchos estudios se han centrado sobre la esperanza y el optimismo y sus ventajas: mejoran la resistencia a la depresión desencadenada por contratiempos, favorecen el rendimiento en el trabajo y mejoran la salud física.

Las dos dimensiones que definen el optimismo tienen que ver con la permanencia y la ubicuidad. Las personas optimistas consideran que las causas de los sucesos negativos son ocasionales y no durarán siempre, no serán permanentes. Si piensas que las situaciones negativas ocurren «a veces» o «últimamente» estás atribuyendo los sucesos negativos a circunstancias efímeras; eres un optimista. Las personas que ofrecen explicaciones universales a sus fracasos se rinden cuando fallan. Pero las que tienen explicaciones específicas reconocen el fallo en ese ámbito, pero avanzan en el resto. Por tanto, la ubicuidad del fallo cometido, si se reduce a algo general o se trata de errar sólo en un ámbito determinado, también determina tu grado de optimismo.

La esperanza es quizás el dato más relevante en cualquier test de optimismo. Para conseguir estar en racha en tu vida y recuperarte de los contratiempos, debes adoptar la siguiente actitud: ofrecer explicaciones permanentes y universales a los sucesos positivos que te ocurran, así como explicaciones transitorias y específicas para los negativos. Pongamos un ejemplo de esto. Si eres despedido de tu trabajo (vamos a clasificarlo como hecho negativo, inicialmente), puedes optar por pensar de forma transitoria («ese trabajo no era el que mejor se adaptaba a mí» o «no han sabido reconocer mis capacidades») en lugar de atribuirte una causa permanente con un rotundo «no doy la talla» o el peor aún «soy un inútil». Una explicación transitoria puede reconocer que «no estoy preparado», pero eso es algo que uno puede cambiar mediante la formación adecuada. En cualquier caso, depende de ti estrictamente que llegues a estar preparado en este ejemplo, y no de una corriente externa que te arrastra, y que te convierte en víctima de tus circunstancias.

Incrementar el optimismo no es tarea fácil, pero puede lograrse mediante un método bien documentado: detectar y luego rebatir los pensamientos pesimistas. Se trata de argumentar de la misma forma que lo haríamos con cualquiera que nos llevara la contraria en un asunto que dominamos y conocemos en profundidad. La diferencia es que se trata de refutarnos a nosotros mismos, con nuestros pensamientos negativos. Las ideas previas que tenemos son el peligro. Lo que pensamos de nosotros mismos cuando nos enfrentamos a un acontecimiento adverso puede ser tan falso e inexacto como los argumentos desvariados de un advenedizo en una materia en la que el experto eres tú. Comprobar la veracidad de nuestras ideas preconcebidas es la base del rebatimiento; pueden ser refutadas y deben serlo por nosotros mismos. Entre las fórmulas para rebatirnos que nos muestran la abundante literatura están las dos siguientes que quiero destacar:

La evidencia, que consiste en buscar la prueba que determina que lo que pensamos es veraz. Con este simple ejercicio quizás encuentres que no había tal certeza. El optimismo aprendido se centra en la veracidad y debemos buscar razones veraces. Ser optimista no tiene nada que ver con ser un iluso. En muchos casos la búsqueda acaba aquí, al no encontrar evidencia alguna de la prueba negativa. Si, por el contrario, al buscar la veracidad de esa creencia negativa, la encuentras, puedes adoptar la actitud de buscar las implicaciones reales. Consiste en darte cuenta de que la situación no es tan grave, incluso siendo cierta la creencia negativa. Recuerda la premisa de que «las cosas tienen la importancia que uno les da». Efectivamente, ha sido un error tuyo dejar un interruptor encendido, pero que la luz estuviera algo más de tiempo encendida no es ninguna negligencia y no te convierte en un irresponsable necesariamente. Como tampoco socava una relación que te hayas olvidado del cumpleaños de tu pareja; tan sólo es un síntoma de algo que puede corregirse, en todo caso. Piénsalo y analiza las implicaciones de cada pensamiento negativo con detenimiento, y observarás que un mundo de nuevas perspectivas y enfoques se abre ante ti.

La felicidad del presente: placeres y gratificaciones

Las sensaciones y las emociones son la base de los placeres: éxtasis, entusiasmo, orgasmo, euforia, bienestar... Para experimentarlos no se requiere de ningún pensamiento elaborado. Pero tienen una característica importante: son efímeros. Los placeres son estrellas fugaces que iluminan tus sentidos durante un breve y extraordinariamente rápido espacio de tiempo. Las gratificaciones, por otro lado, son actividades que nos gusta mucho realizar, pero que no van acompañadas de un placer puntual. Una gratificación hace que el tiempo nos pase volando y nos produce esa inmersión del disfrute absorto. Puede ser una conversación, leer un buen libro o disfrutar de un paisaje espectacular. En algunos casos, sacamos de la mochila nuestras fortalezas y habilidades y las ponemos a prueba, ya que podemos potenciar la experiencia gratificante. Las gratificaciones tienen una duración mayor e implican procesos mentales más complejos, implican conocimiento e interpretación.

Nuestros órganos sensoriales están conectados al hipotálamo, el centro de las emociones. Los placeres corporales pueden ir desde el éxtasis con la vista, hasta escuchar tu canción favorita. Los placeres nos provocan emociones positivas. El hecho de que los placeres sean transitorios hace difícil basar la vida en los placeres. El fenómeno de la tolerancia es una de las razones: en medicina, algunos fármacos necesitan subir la dosis con el tiempo para conseguir el mismo efecto. En biología, las neuronas también necesitan recuperarse tras un impulso y tienen su período refractario. Espaciar los placeres los hace igualmente deseables, pero evita que nos acostumbremos a ellos y nos resulten menos apetecibles. Por supuesto, como en todo, hay excepciones y deberíamos establecer qué es espaciar y cuál es el tiempo adecuado para cada cosa. Te toca a ti decidirlo, ya que eres el auténtico experto en tus propios placeres.

Los placeres pueden clasificarse según su intensidad en alta (goce, júbilo, euforia, hilaridad), media (regocijo, alegría, buen humor) y baja (armonía, bienestar, relajamiento). Para incrementar nuestra felicidad y estar bien, debemos conocer algunos conceptos psicológicos que pueden ayudarnos a impulsar los sentimientos positivos.

Las gratificaciones se confunden a menudo con los placeres, quizá porque nos producen una sensación de gusto que comparten con éstos. La principal diferencia es que en las gratificaciones se produce una total ausencia de emociones. De la diferencia entre placer y gratificación sabían mucho en la Antigua Grecia. Aristóteles hablaba de la *eudaimonia*, y se refería a ella como similar a la gracia en la danza y diferente de los placeres corporales. Los placeres pueden ser descubiertos, favorecidos e intensificados, pero no se puede hacer lo mismo con las gratificaciones. Las gratificaciones están relacionadas con la puesta en marcha de fortalezas y virtudes personales. Se han analizado las similitudes entre las gratificaciones de personas procedentes de países diferentes, y se han encontrado componentes psicológicos comunes en diversas culturas, que Martin Seligman enumera así:

Aspectos comunes en las gratificaciones:

- La tarea es un reto que requiere nuestra habilidad
- Nos concentramos
- Existen unos objetivos claros
- Obtenemos una respuesta inmediata
- Nos implicamos profundamente y sin esfuerzo
- Existe una sensación de control
- Nuestro sentido del yo se desvanece
- El tiempo se detiene

En las gratificaciones puede aparecer el concepto de fluidez, cuando la complejidad de la tarea y nuestras habilidades son altas. La falta de conciencia y de emoción son características comunes en las gratificaciones; si se mencionan éstas son a posteriori con su recuerdo. Algunos explican el diferente beneficio de los placeres y las gratificaciones. Según esta hipótesis, los placeres son efímeros, momentáneos y no contribuyen a incrementar el capital psicológico[2].

2 El capital es el conjunto de bienes que utilizamos con el fin de crecer o progresar. El «capital social» se define, según Robert Putman y James Coleman, como los «intangi-

Por el contrario, las gratificaciones y la fluidez que puede alcanzarse, sería el estado en el que dicho capital crece: concentrarse, perder la atención consciente y la detención del tiempo, pueden ser formas que la evolución ha desarrollado para incrementar nuestros recursos psicológicos de cara al futuro. El adecuado balance entre la cantidad de placeres y gratificaciones que podemos experimentar es una clave para la felicidad duradera. Pero si debemos escoger, las gratificaciones tienen dos ventajas importantes: exigen esfuerzo e interés para llevarse a cabo y favorecen el crecimiento personal. El esfuerzo que requiere la gratificación no es baladí: cuantas más veces se experimente la fluidez, menos deprimido se está. Quizás algunos de los males que acechan a la sociedad moderna se deriven de lo fácil que resulta conseguir placeres, sin realizar esfuerzo alguno. Las fórmulas rápidas de acceso al placer incluyen ver la televisión, drogas, videojuegos, compras, sexo sin amor, deportes espectáculo, etcétera. Una larga lista que incluye cosas perjudiciales para la salud y otras que, sencillamente, tras experimentar dicho placer queda la sensación de «¿ahora qué?». Cuando mi hija Regina de doce años me dijo que había dejado de jugar a ese juego del móvil al que estaba enganchada, me comentó que le daba la sensación de estar perdiendo el tiempo. Para tener esa perspectiva más objetiva se debe eliminar la repetición que lleva al placer vacío que nos engancha al juego. Un placer repetido muchas veces nos ofrece la posibilidad de valorar lo que nos aporta, y darnos cuenta de lo vacío que puede ser. Pero una gratificación que pone nuestras fortalezas y virtudes a trabajar, aunque se repita muchas veces, resulta tan beneficiosa como el entrenamiento para un deportista.

bles» de una sociedad y estaría compuesto por factores como el clima de confianza, nivel de conciencia «cívica», cultura, valores éticos, actitudes culturales y conductas en favor de las metas colectivas. El capital psicológico profesional definió en los años setenta Fred Luthans como el conjunto de características psicológicas que desplegamos en nuestra vida profesional. El capital social son los recursos que acumulamos mediante la interacción con las personas (amigos, familia, pareja). El capital psicológico serían los recursos que obtenemos cuando nos entregamos a fondo a las gratificaciones y nos centramos en el «fluir».

La fluidez: máxima habilidad y mayor complejidad

La persona que más ha investigado sobre fluidez es Mihaly Csikszentmihalyi, norteamericano de origen húngaro, que tras un periodo en Italia tras la segunda guerra mundial, sintió la necesidad de profundizar sobre cómo el ser humano obtiene lo mejor de sí mismo. Hay personas que, tras perderlo todo en una guerra, crecen de nuevo y renacen como el ave fénix tras consumirse en su propio fuego. Csikszentmihalyi (refirámonos a él como lo hace su buen amigo Seligman, Mike) quedó fascinado al observar ambos tipos de comportamientos tras el efecto devastador de la guerra, y decidió averiguar qué había detrás de la grandeza del ser humano. Otras personas se hunden en las mismas circunstancias en las que las otras reviven.

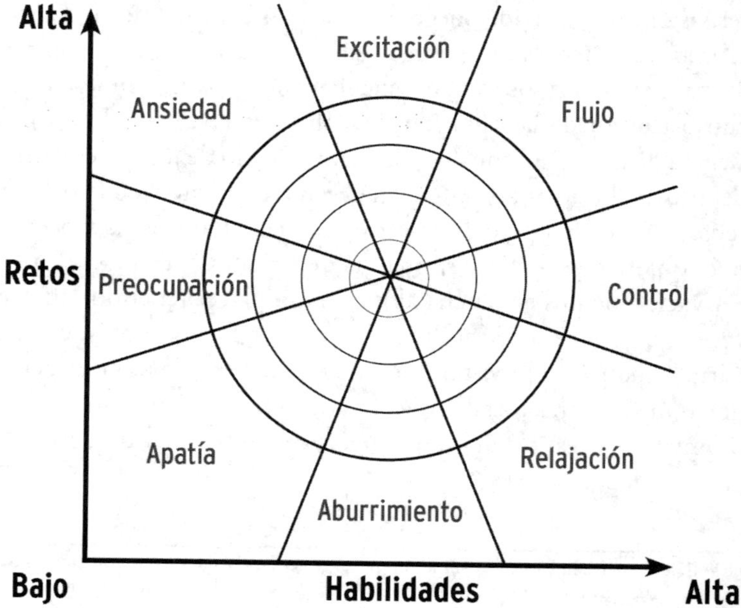

El gráfico muestra los diferentes estados en los que nos hallamos cuando combinamos los retos (eje «y») con las habilidades que tenemos para una tarea determinada (eje «x»). La máxima complejidad de la tarea con la mayor de nuestras habilidades corresponde al estado de «flujo». Tomado de *Finding Flow*, M. Csikszentmihalyi, Ed. Basic Books, 1998

La contribución más importante de Csikszentmihalyi a la psicología ha sido el concepto de fluidez, para lo que ha entrevistado a miles de personas de todas las edades y condiciones sociales de todo el mundo, para conocer cuáles son las gratificaciones que experimentan. Se ha interesado en las descripciones que realizan algunas personas cuando componen música, escriben una obra literaria o pintan. Pero las sensaciones de muchos genios o virtuosos son comunes a todas las personas. Existe un estado común de máxima inspiración y eficiencia en el que la tarea fluye. A todos se nos detiene el tiempo cuando realizamos esa actividad que nos es tan especial, que no queremos que se acabe y que absorbe toda nuestra atención: puede ser cantar, interpretar, jugar al voleibol, dirigirte a una audiencia, hacer el amor, practicar el salto en paracaídas, ser capaz de liderar un grupo de compañeros de trabajo o dirigir una orquesta.

La fluidez se alcanza en el estado en el que la máxima complejidad de una tarea (eje de ordenadas «y») se encuentra con la necesidad de emplear nuestras mayores habilidades (eje de abscisas o «x»). Esa zona es en donde la fluidez aparece. Hasta llegar a ella, podemos encontrarnos en diferentes estados, como la ansiedad (ver gráfica), donde la complejidad es alta pero no hemos alcanzado aún la destreza o la habilidad suficiente. Otra sensación que podemos experimentar es la de control (previa a la fluidez), cuando la complejidad es media en relación a la tarea, y nuestras habilidades requeridas son altas.

En el fluir, el pensamiento, el movimiento y la acción se suceden sin interrupción. Nos hallamos tan concentrados en la tarea que nos obliga a utilizar los 126 bits por segundo de capacidad de atención. Como referencia, atender una conferencia que nos resulte de interés requiere unos 40 bits por segundo de nuestra capacidad. Es en la fluidez cuando utilizamos nuestras destrezas y habilidades llevándolas al extremo, alcanzando un alto rendimiento o la plenitud creativa.

Según las investigaciones de Csikszentmihalyi los seres humanos no son felices cuando no hacen nada. Resulta curioso un lugar de la gráfica llamado apatía, donde no requerimos de ninguna habilidad y la complejidad es nula. Se trata del extremo opuesto a la fluidez. En este estado de apatía puede encontrarse uno con facilidad, por ejemplo, cuando miras la televisión sin interés. Es como la vaca de Riso que mira al prado y dice «mu». Otra forma fácil de imaginar la apatía como extremo opuesto a la fluidez es cuando estamos sentados en la taza del váter. Muy gráfico, lo sé.

Si este estado es tan beneficioso, parece natural que algunos postulen que la fluidez determina el crecimiento psicológico. Pero no hay ningún trabajo científico que lo haya demostrado. La fluidez es una forma mejor de determinar lo que nos hace auténticamente felices. Todos deberíamos experimentar fluidez varios minutos al día.

Habituación, disfrute y atención

La satisfacción repetida con rapidez no cumple su función: nos cansa y deja de proporcionarnos el placer inicial, o incluso lo puede anular. La adaptación al estímulo es un proceso natural de la actividad neuronal, como hemos comentado antes. Todo lo nuevo provoca nuestra atención, todo lo que se sale de lo normal, del hábito, tiene más capacidad de quedar impreso en nuestra mente porque nos llama poderosamente la atención. La información nueva nos queda registrada de manera más fácil que la que no lo es, que pasa desapercibida. Dicen los expertos que hay que introducir en nuestra vida todos los placeres que sean posibles, pero que debe hacerse espaciándolos de manera adecuada. Al hacerlo puede que no eches de menos dicho placer, en cuyo caso es la señal para dejarlo, ya que es posible que te encuentres frente a una adicción. Comentando esto con mi hija Regina me proporcionó la clave, al decirme que pasaba mucho tiempo jugando a un juego con su móvil, como antes he avanzado. Estaba atrapada en el juego y en cuanto podía invertía su tiempo en el mismo. Tenía el deseo de jugar continuamente, hasta que espació el juego y advirtió que no le producía tanta satisfacción; no es que se cansara, es que percibió que la satisfacción que le proporcionaba no era tan alta como para justificar el tiempo y la atención dedicada. La adicción, por definición, nos produce un placer hueco, un deseo por el deseo, no por una satisfacción medible y placentera. En las adicciones siempre hay secuelas y en los placeres bien administrados se haya la felicidad presente.

Disfrutar de algo en compañía es una buena receta para multiplicar los momentos de placer. Regálate algunos de esos momentos en compañía de tu pareja o de tus hijos. Placeres momentáneos que hacen feliz a la gente que te rodea. Pero para disfrutar se requiere del freno del ritmo frenético de la *tecnoera*. Para disfrutar de cada momento se debe llevar la mente a una velocidad en la que se pueda contemplar el paisaje que recorres. Ver las fotos de la persona que nos remueve el alma, de aquel viaje tan especial que disfrutaste tanto... Se puede disfrutar en el presente cualquier hecho pasado o deseo futuro. Pero todo se disfruta en el presente, lo que exige atención.

Las cinco técnicas que favorecen el disfrute han sido desarrolladas tras estudios con miles de estudiantes. Compartir con otras personas es la primera. Tan sólo recuerda la última vez que fuiste al cine solo. Si no te gusta ir solo, ya sabes por qué; no disfrutas lo mismo. Si hubieras ido acompañado, en lugar de solo, la experiencia la hubieras disfrutado más. Piensa en un viaje exótico. En condiciones normales, la compañía eleva la sensación de disfrute del viaje. Es el indicador más potente del nivel de placer que experimentamos, y la forma más fácil de trasladar a alguien lo que sentimos en ese momento. Una segunda técnica para facilitar el disfrute es guardarlo en la memoria. Al interiorizar una experiencia disfrutada podemos rememorarla y emular el gozo que nos produjo. La tercera es el autoelogio, en relación a la impresión que tú y tu experiencia causaron en los demás, o en el otro si la compartiste. No se trata de vanidad, sino de ser capaz de elogiarte. Quizá tenga algo que ver con la autoestima. Has esperado tiempo para que ese momento de disfrute llegue. Lo mereces. Felicítate por ello.

Un segundo bloque de técnicas incluye agudizar la percepción y lo que se llama el «ensimismamiento». Estas dos técnicas, que completan las cinco que quería destacar, comparten la raíz del ahora, al llevar a la máxima conciencia lo que hacemos en cada momento. La máxima conciencia nos permite contemplar un paisaje, oler sus pinos, ver los matices de colores en la arboleda, quizás algún animal fugaz o pájaro posado en una rama que emprende el vuelo. Detalles de la vida que ocurren a tu alrededor. Esta idea la recoge muy bien Montaigne: «Cuando bailo, bailo, cuando duermo, duermo». Cada vez que haces algo lo haces con toda tu atención. En el ensimismamiento nos quedamos absortos en lo que estamos haciendo que nos hace disfrutar. No pensamos en el futuro ni en el pasado; tan sólo experimentamos la sensación de la conciencia plena del ahora y de toda nuestra atención. Llega así la fluidez. Los expertos en fluidez coinciden en que ésta sólo puede alcanzarse unos minutos al día, como hemos comentado, por lo que deberíamos aprovecharla bien cuando nos llega.

Para aumentar las gratificaciones: descubre tu pasión

Un experto mundial en el desarrollo del potencial humano es Ken Robinson. Y uno de los libros que mejor explica cómo podemos descubrir eso para lo que «estamos hechos» es *El Elemento*. El punto de encuentro entre las aptitudes naturales y las inclinaciones personales es lo que Ken Robinson define como el *elemento*. Se trata de hacer lo que te gusta y al hacerlo sentirte tú mismo. Es evidente la conexión y similitud entre la fluidez de Csikszentmihalyi y el *elemento* de Robinson. Algunos afirman que estar en el *elemento* nos transporta más allá del disfrute y de la felicidad. No todos estamos llamados a ser virtuosos de la música, el cine o el deporte. Pero el recorrido hasta dar con eso que te gusta y que haces bien es bastante común. No hay fórmulas, y hallar tu *elemento* sólo te incumbe a ti. Se requiere capacidad y vocación para estar en el *elemento*, características que constituyen nuestro yo. Pero también se necesita de una actitud y de la oportunidad. Estas dos características y dos condiciones tienen la secuencia que Ken Robinson establece para identificar tu *elemento*: «Lo entiendo, me encanta; lo quiero; ¿dónde está?». Vamos a analizar esta secuencia con más detenimiento.

Las personas tienen una gracia natural para hacer cosas. Entender esa capacidad es la primera característica necesaria para descubrir tu pasión. Para descubrirla debemos escucharnos, debemos conocernos para encontrar y desarrollar nuestras fuerzas creativas. Sólo así llegaremos a ser quienes realmente somos. No sabremos lo que podemos llegar a ser hasta que no sepamos lo que somos capaces de hacer.

En segundo lugar está el «me encanta». Estar en el *elemento* hace que disfrutes como nada de lo que haces; es cuando la pasión te inunda y encuentras un disfrute extraordinario. En tercer lugar debes querer encontrar tu fluidez. Para eso se requiere de actitud, de la perspectiva personal que tenemos de nosotros mismos y de nuestras circunstancias. Se trata de una perspectiva desde donde nos miramos con objetividad. Nuestra actitud se afecta por nuestro carácter, nuestra autoestima, nuestras percepciones del entorno y las expectativas que otros tienen de nosotros. Para evaluar nuestra actitud básica podemos preguntarnos por el papel que consideramos tiene la suerte en nuestra vida. Albert Einstein decía que la suerte favorece la mente preparada. Cuando te sientes afortunado crees que has tenido suerte, pero las personas que no han tenido éxito en la vida hablan de mala suerte. La suerte se reparte por igual entre todos, pero algunos aprovechan las circunstancias o reaccionan de forma diferente ante los inconvenientes. Es la actitud lo que marca la diferencia. ¿Qué esperas de ti?

Cuando realmente quieres algo, lo buscas. Pero debes saber buscarlo en el lugar adecuado. Es la cuarta de las claves; para ello debemos estar atentos a las oportunidades que se presentan, pero también debemos crear dichas oportunidades. Quizá debamos estar con otras personas que compartan nuestras aficiones o que exploren nuestras aptitudes en campos diferentes. Estar con personas que nos ayuden a reconocer nuestros talentos es siempre una opción. Y quizá, sólo quizá, la capacidad de ayudar a otras personas a encontrar su pasión, sea una de las mayores satisfacciones que el ser humano puede experimentar.

El poder del presente

La atención consciente de la experiencia presente se produce de forma mucho más fácil en un estado mental lento que cuando uno pasa a toda prisa por una actividad, mientras piensa en el futuro. Por eso, las técnicas orientales de relajación, entre las que se encuentra el yoga, tienen tanta aceptación y ofrecen tantos beneficios en la *tecnoera* que nos ha tocado vivir.

Gran parte de lo que la ciencia ha documentado y analizado sobre la atención y el saboreo[3] (en inglés *savoring*) se basa en un saber milenario oriental: el budismo. Saborear o disfrutar es un concepto investigado y desarrollado por Fred B. Bryant y el ya desaparecido Joseph Veroff (fallecido en 2007) de la Loyola University en Chicago y del Institut For Social Research de la Universidad de Michigan, respectivamente. Estos autores han profundizado en las técnicas que facilitan el disfrute, entendido como la conciencia del placer y la atención consciente y deliberada ante la experiencia de éste. Y además lo han realizado disfrutando: no hay nada más que ver las calificaciones en la web de la Loyola University de los alumnos en relación a las clases de Fred Bryant, con un 4,9 sobre 5. Realmente saborea sus clases.

Eckhart Tolle ha intentado trasladarnos a un lugar donde alcanzamos la máxima conciencia, donde somos nuestro verdadero yo y nuestros miedos se desvanecen. Ese lugar al que se refiere Tolle es un lugar donde la mente se libera, donde te elevas por encima del pensamiento y el tiempo se detiene porque prescindimos de él. Ese lugar es el presente, el ahora. Es cierto que la trayectoria de Tolle camina por el ámbito de la espiritualidad, sin una religión concreta como bandera, o quizá con todas las creencias y religiones, incluyendo la cristiana, hindú, budista...

3 Según el diccionario de la Real Academia de la Lengua Española (RAE) el saboreo es la acción de saborear. Significa entre otras cosas «apreciar detenidamente y con deleite una cosa grata».

Sin contradecir a ninguna de ellas. Los pensamientos de Tolle tienen un enfoque original y sencillo. Este alemán, que estudió en la Universidad de Londres, donde fue investigador y supervisor, ha sido pionero en el concepto del poder del «ahora», una idea lanzada en 1997, que tiene millones de seguidores en el mundo, se ha traducido a treinta idiomas y alcanzó el primer puesto en la lista de ventas de *The New York Times*. El libro de Tolle tiene el mérito de ser profeta en la tierra (o una de ellas) de la iluminación espiritual, como es la India, donde ha tenido una excelente acogida y puede calificarse de superventas. La idea del «ahora» enlaza también con la «conciencia y la atención plena», una atención completa y reflexiva hacia todo lo que sucede a nuestro alrededor, concepto que se ha acuñado como el *mindfullness* en su versión inglesa.

El ahora es lo único que existe. Así de sencillo. Es fácil comprender que algunos reconocen como un milagro alcanzar y vivir el presente de manera plena, ya que la cantidad de trampas, distorsiones, engaños y manipulaciones de nuestra mente, de nuestro yo, hacen que nos cueste centrarnos en el ahora, en el tiempo presente. Nuestra mente tiene un único y frenético flujo de recuerdos del pasado y preocupación constante por el futuro. Los problemas no los crean los demás, ni el mundo de afuera de nosotros. Afirma Tolle que corremos el riesgo de identificarnos con nuestra mente pensando que somos ella, y al afirmar tal cosa se refiere a todo lo que nos aleja del presente, y evita que alcancemos la conciencia plena y nuestro verdadero yo. Nuestra mente es una máquina incesante de conversar con nosotros y de traernos recuerdos pasados e ideas futuras. Pura distracción de hacer lo correcto: atender de manera plena el presente.

Quizás hay dos tipos de presentes, un momento que se vive con más naturalidad, pero no necesariamente con falta de intensidad, que incluye sentir el presente desde ahora mismo, por ejemplo. Algo fácil cuando se está leyendo. Sería el «estar en lo que se está». Y hay otro más trascendente, que el famoso psicólogo Abraham Maslow definió como «experiencias cumbre», que son momentos álgidos de la vida en los que nos catapultamos más allá de los confines de lo mundano y lo ordinario. Aunque sólo sea por un momento, alcanzamos nuestro verdadero yo.

El único defecto que se le puede poner a la teoría de Tolle es que rechaza la prueba científica, porque la sitúa en la ciencia tradicional, que incluye la posibilidad de medir, examinar y percibir con los cinco sentidos las cosas. Una realidad ligada al materialismo y a la ciencia tradicional y que se enmarca en las dimensiones que conocemos. Es cierto que son los propios investigadores y físicos cuánticos que han postulado la existencia de muchas dimensiones, explicando así la posibilidad de viajar a mayor velocidad que la luz, un paradigma que se desconoce si ha dejado de serlo. Lo que sí está claro es que no hay un modelo científico para explicar algunos conceptos espirituales, pero sí nos puede ayudar a entender su eficacia si nos centramos en sus resultados.

Básicamente, Tolle nos habla de miedos futuros y de infelicidad pasada. Dichos pensamientos nos ocupan en mayor o menor medida nuestro presente, y nos restan la energía y la atención que requerimos para vivir. Nada existe fuera del ahora; sólo existe en nuestra mente. Nunca hemos hecho nada ni hemos experimentado nada fuera del momento presente. Nada ocurrió en el pasado; ocurrió en el ahora. Nada ocurrirá en el futuro; ocurrirá en el presente. El pasado, y lo que pensamos que es, se trata tan sólo de un registro en nuestra mente de un ahora anterior. El recuerdo que activas del pasado lo haces en el presente. El futuro es un ahora imaginado, una proyección de la mente que llega como un ahora, pero no lo es. Ni pasado ni futuro tienen realidad propia, en todo caso se les ha prestado su realidad para tomar forma en el presente. Una manera de verlo tiene que ver con las situaciones de riesgo y emergencia que podemos experimentar. Cuando esto sucede, nuestra atención es plena al presente y a resolver la situación, reaccionando para salvar nuestra propia vida o socorrer a alguien; no hay tiempo de pensar en nada que no sea centrarnos en la emergencia, lo que convierte nuestro ser en una máquina eficaz que no se desvía ni un sólo bit de los 126 que disponemos y utiliza sus mejores recursos, incluso por encima de un rendimiento normal, porque estamos dotados de una capacidad física y mental superior.

«No os inquietéis pues por el mañana, porque el día de mañana ya tendrá sus propias inquietudes; bástele a cada día su afán» (Mateo 6:34). De nuestros defectos y debilidades vienen así nuestras justificaciones de los miedos futuros. Nada que no podemos superar, si creemos en que todo lo podemos y debemos hacer en el presente. Incluso resolver un problema o poner los medios para que no ocurra se hace con la acción del presente. Si sólo pensamos en el potencial problema futuro, sin dedicar el tiempo a la acción presente, ya estamos desviando la atención a su solución más rápida y eficaz. Por tanto, el mensaje no es abandonar la planificación o la prevención; es actuar y hacer que las cosas ocurran en el único momento en el que las cosas suceden: en el ahora. Recurro otra vez a Albert Einstein que afirmó: «Nada sucede hasta que algo no empieza a moverse». A eso me refiero: piensa en el presente y actúa. No pierdas energía en las preocupaciones futuras.

Podemos notar cuántas veces nuestra atención viaja al pasado o al futuro. No pienso que siempre sea malo, pero incluso con pensamientos y recuerdos positivos, restamos atención al presente. Si te observas en silencio, contemplamos el pensamiento, experimentamos la emoción que le sigue y observamos nuestra reacción, entonces alcanzamos la presencia serena y observante. ¿No se admite la empatía como una cualidad extraordinaria? ¿No te hace más virtuoso sentir las emociones y conocer cómo se siente quienes te rodean? Al margen de que eso es posible cuando atiendes, cuando estás presente ¿qué mejor empatía que la que practicas cuando te observas a ti mismo? Conviértete en tu observador silencioso.

Si queremos ganar tiempo no tenemos nada más que centrarnos en el presente. Si evitamos gastarlo en el futuro y en el pasado, estaremos incrementando nuestro capital de tiempo. Si nuestra medida del tiempo es todo lo que podemos hacer y lo que podemos vivir, comprenderemos fácilmente que hablamos de ganar tiempo de verdad, no de simple retórica.

LAS VIRTUDES Y FORTALEZAS COMUNES A LA HUMANIDAD

Tener la posibilidad de revisar lo que las diferentes culturas, creencias religiosas y disciplinas milenarias tienen acerca de lo que son virtudes y fortalezas es una tarea encomiable. Averiguar qué virtudes son comunes a todas las culturas sería como identificar la piedra angular de la personalidad humana virtuosa. Afortunadamente, se trata de un ejercicio más de revisión que de creación, lo que simplifica el objetivo, sin hacerlo por ello menos extraordinario. Todo comenzó con un intento de las autoridades escolares americanas de realizar una clasificación sobre el carácter o personalidad de los niños, como sugerencia del director del programa de actividades extraescolares del departamento de Educación de Estados Unidos. No se puede intervenir para mejorar el carácter de los jóvenes escolares si no se sabe con más exactitud qué mejorar. Una de las tareas primeras que encomendó el responsable del proyecto fue leer detenidamente los textos desde Aristóteles, Platón, santo Tomás de Aquino, san Agustín, Confucio, Buda, el código de los Samuráis y muchos más, hasta doscientos manuales de virtudes. Abarcaron más de 3.000 años de sabiduría y conocimiento universal, y el equipo de investigadores dirigidos por Christopher Peterson, de la Universidad de Michigan, propuso las siguientes seis virtudes universales:

- Sabiduría y conocimiento
- Valor
- Amor y humanidad
- Justicia
- Templanza
- Espiritualidad y trascendencia

No sólo es importante conocer estas virtudes comunes, sino también saber dónde estamos cada uno de nosotros con cada una de ellas. Si lo sabemos, nos conoceremos mejor, podremos hacer cierta la máxima del templo de Apolo en Delfos: «Conócete a ti mismo». Conocerse uno mismo permite tener un plan de vida y un horizonte que nos sitúe en el camino de la felicidad y del bienestar, apoyándonos en nuestras fortalezas y virtudes.

Identificar las fortalezas personales nos permite desarrollarlas y emplearlas en cualquier ámbito de nuestra vida.

Fortalezas y capacidades

Una fortaleza es un rasgo moral (integridad, valor, amabilidad) y las capacidades no lo son. Tener buen oído, ser bella o ser veloz no son rasgos morales. Sin embargo, ambos son objeto de estudio en la psicología positiva. Una capacidad es un talento que se tiene de manera innata, y aunque puede mejorarse con el entrenamiento, o bien se nace con él, o no se tiene. Por el contrario, el amor por el conocimiento, la humildad o el optimismo pueden ser cultivados. Las fortalezas exigen voluntad, y cualquier persona normal puede, con el tiempo, esfuerzo y determinación suficientes, alcanzarlas. Las fortalezas son rasgos o características psicológicas que se presentan a lo largo del tiempo y en situaciones distintas. Existen «idiotas» de las fortalezas, cuya palabra (que no es un insulto sino una descripción) viene del griego «*idiotes*» y significa «no socializado», que no se ocupaba de los asuntos públicos sino sólo de sus intereses privados. Así, un idiota de la amabilidad sería aquel incapaz de mostrar dicha fortaleza o rasgo de carácter.

Las virtudes son conceptos abstractos, pero las fortalezas son medibles y adquiribles. Las fortalezas son los caminos que conducen a la vida virtuosa. Se entiende perfectamente que los niños busquen modelos a imitar, y que es importante que puedan crecer rodeados de modelos de conducta positivos. Sin embargo, se desconoce cuándo y por qué aprenden lecciones negativas en lugar de positivas.

Existen veinticuatro fortalezas comunes[4] identificadas en cada una de las seis virtudes descritas, que son:

4 Adaptado de la clasificación de fortalezas y virtudes de valores en acción (VIA) desarrollada por C. Peterson y M. Seligman con fondos de Manuel D. y Rhoda Mayerson Foundation y disponible en www.authentichappiness.org

Sabiduría y conocimiento: Incluye seis fortalezas para poner en evidencia la sabiduría y su antecedente necesario, el conocimiento, desde la más básica (curiosidad) a la más compleja (perspectiva).

1. CURIOSIDAD

La curiosidad conlleva apertura a distintas experiencias y flexibilidad frente a situaciones que no encajan con nuestras ideas previas. La curiosidad puede ser concreta o global; cuando a una persona le interesa todo. Las personas curiosas no sólo toleran la ambigüedad, sino que les gusta e intriga. «Contengo todas las respuestas» decía Montaigne. Porque tenía la capacidad de afrontar las situaciones con perspectivas diferentes. En el extremo opuesto a la curiosidad se sitúa el aburrimiento.

2. AMOR POR EL CONOCIMIENTO

El amor por el conocimiento nos lleva a aprender cosas nuevas. Y esto conduce a ser experto en alguno de los ámbitos que cultivamos.

3. JUICIO/PENSAMIENTO CRÍTICO/MENTALIDAD ABIERTA

Una persona con estas fortalezas analiza con detenimiento las situaciones. Es capaz de cambiar de opinión y no se precipita. No confunde el todo con una parte del problema, ni confunde los deseos y necesidades con la realidad del mundo.

4. INGENIO/ORIGINALIDAD/INTELIGENCIA PRÁCTICA/PERSPICACIA

Cuando deseas algo encuentras el camino o la forma de alcanzar tu objetivo. Si posees una buena puntuación en esta fortaleza, no te gustará realizar las tareas de manera convencional y siempre buscarás una forma diferente de hacer las cosas, huyendo de la terrible y justificativa frase de «esto siempre se ha hecho así, y es lo que yo hago también», sin plantearte si se puede hacer de una manera mejor. Lo contrario a estas virtudes es hacer lo mismo que se ha hecho siempre, sin tener ni interés, ni la llamada de la originalidad para hacerlo de manera distinta.

5. INTELIGENCIA SOCIAL/INTELIGENCIA PERSONAL/ INTELIGENCIA EMOCIONAL

Ser capaz de detectar las emociones y sus consecuencias en los otros es lo que Daniel Goleman llama «inteligencia emocional». Acceder a nuestros sentimientos propios y utilizar el conocimiento de ellos para comprender y orientar nuestra actitud y comportamiento. Una persona con una alta puntuación en esta fortaleza busca entornos que maximicen sus habilidades e intereses personales, trabajando en lo que sabe hacer bien.

6. PERSPECTIVA

Es la fortaleza más cercana a la sabiduría. Se trata de poseer una visión del mundo que tenga sentido para otros y para ti. Las personas sabias son las expertas en lo más complejo e importante: la vida. A estas personas se les pide consejo.

El **valor** es la virtud que refleja la voluntad hacia objetivos encomiables que no se sabe con certeza si serán alcanzados. La valentía, la perseverancia y la integridad son tres vías para alcanzar esta virtud.

7. VALOR Y VALENTÍA

Las amenazas, los retos, el dolor o las dificultades no disuaden a la persona valerosa. Es un grado más que el coraje físico. Las personas valerosas hacen frente a situaciones emocionales o intelectuales vistas como desfavorables, difíciles o peligrosas. Una persona valiente no está exenta del temor de hacer frente a una situación. Pero, a pesar del temor, se enfrenta al reto. También es el valor de enfrentarse a una enfermedad grave y mantener la dignidad.

8. PERSEVERANCIA/LABORIOSIDAD/DILIGENCIA

La persona laboriosa asume proyectos difíciles y los acaba; cumple con su cometido con buen humor y con las mínimas quejas. Es flexible, realista y no perfeccionista.

9. INTEGRIDAD/AUTENTICIDAD/HONESTIDAD

Vivir la vida de una forma genuina y auténtica es propio de estas personas. Tienen los pies en el suelo y no son pretenciosos.

Se presentan ante los demás y ante uno mismo de forma sincera, con palabras y con actos. Son fieles a sí mismos.

La **humanidad** y el **amor** se ponen de manifiesto con diversas fortalezas al interaccionar de manera positiva con otras personas, amigos, parientes, conocidos y también desconocidos.

10. BONDAD Y GENEROSIDAD

Estas personas nunca están demasiado ocupadas para hacer un favor. Todos los rasgos de esta categoría parten del principio de conceder valor a otra persona. Son personas que se responsabilizan de otras personas, parientes, compañeros de trabajo, amigos o incuso desconocidos. La empatía y la compasión son elementos útiles de esta fortaleza.

11. AMAR Y DEJARSE AMAR

Valoran las relaciones íntimas y profundas con los demás. Además, son correspondidos. Es más habitual, sobre todo en los hombres, amar que dejarse amar.

La **justicia** es un grupo de fortalezas que se manifiestan en las actividades cívicas. Va más allá de las interacciones personales hacia grupos más amplios como la familia, la comunidad o el país.

12. CIVISMO/DEBER/TRABAJO EN EQUIPO/LEALTAD

Destaca como miembro de un grupo; es un compañero leal y dedicado que siempre cumple con su parte y trabaja duro por el éxito del conjunto. Respeta a quienes ocupan cargos directivos de forma legítima, como entrenadores o profesores. Esta fortaleza no implica obediencia ciega, pero sí respeto a la autoridad. Una fortaleza pasada de moda que muchos padres echan de menos en sus hijos.

13. IMPARCIALIDAD Y EQUIDAD

No permite que sus sentimientos e ideas personales cieguen sus decisiones sobre otras personas. Le da una oportunidad a todo el mundo y considera que casos similares deben tratarse de un modo análogo. Le resulta fácil dejar de lado los prejuicios personales.

14. LIDERAZGO

Se le da bien organizar actividades y asegurarse de que se llevan a cabo. Se trata de un dirigente efectivo que se encarga de que el trabajo de grupo se realice, al tiempo que se mantienen las buenas relaciones entre sus miembros. El líder efectivo es humano en el trato, con firmeza para lo correcto.

La **templanza** hace referencia a la expresión apropiada y moderada de los apetitos y necesidades. La persona mesurada no reprime sus aspiraciones, pero espera la oportunidad de satisfacerlas de manera que no perjudique a nadie.

15. AUTOCONTROL

Le cuesta poco contener sus deseos, necesidades e impulsos cuando la situación lo requiere. No basta con saber qué es lo correcto, también debe saber poner en práctica ese conocimiento. Es capaz de neutralizar los sentimientos negativos propios y puede estar de humor en situaciones delicadas.

16. PRUDENCIA/DISCRECIÓN/CAUTELA

No decir ni hacer nada de lo que te puedas arrepentir luego. La prudencia es una fortaleza clave cuando la incertidumbre acecha y hay que comenzar una acción. Las personas prudentes tienen visiones de futuro y son dialogantes.

17. HUMILDAD Y MODESTIA

Cuando son los logros de uno mismo los que hablan por nosotros y no intentamos ser el centro de atención, somos humildes. Son personas sencillas que no se consideran especiales. Sus éxitos, derrotas y aspiraciones carecen de excesiva importancia.

El último conjunto de las virtudes ubicuas es la **trascendencia**. Incluye fortalezas de connotaciones religiosas (sin ser necesariamente así) y otras no religiosas como el entusiasmo y la gratitud. Estas fortalezas van más allá de la persona y nos conectan con algo más elevado y permanente: con el futuro, la evolución, lo divino o el universo.

18. DISFRUTE DE LA BELLEZA Y LA EXCELENCIA

Hay que detenerse a oler las rosas. Ser capaz de apreciar la belleza y la excelencia en el arte, la ciencia, la bioquímica o en las cosas más cotidianas. Cuando es intensa se acompaña de asombro y de sobrecogimiento. Cuando se siente el asombro ante un acto de virtuosismo experimentamos una emoción similar a la elevación.

19. GRATITUD

Se toma tiempo para expresar su agradecimiento ante las cosas buenas que le suceden a uno. Estamos agradecidos cuando las personas o la naturaleza nos hace bien, pero también de forma más general por las buenas personas o por las buenas obras. La gratitud puede dirigirse hacia elementos no humanos, como Dios. Como emoción es una sensación de asombro, de agradecimiento y de sensación de la vida misma.

20. ESPERANZA/OPTIMISMO/PREVISIÓN

Espera lo mejor del futuro y se planifica para conseguirlo. Se trata de un conjunto de fortalezas que implican una actitud positiva hacia el futuro. Sentir que sucederán acontecimientos positivos, si uno se planifica y esfuerza, fomentan el buen humor, vivir el presente y disponerse a la acción de manera decidida.

21. ESPIRITUALIDAD/PROPÓSITO/FE/RELIGIOSIDAD

Todos los caminos conducen a Roma. Las creencias fuertes sobre la razón y el significado trascendente del universo responden a esta fortaleza. Posee una filosofía de la vida concreta, religiosa o no, que le sitúa como parte del universo. La vida posee un significado como parte de algo más elevado a lo cual tendemos y al que nos uniremos en la otra vida o en otra dimensión.

22. PERDÓN Y CLEMENCIA

Perdonar a quienes nos han causado un mal, y darles una segunda oportunidad. La venganza no tiene cabida. El perdón de las ofensas produce cambios beneficiosos en el interior de las personas: se transforman los sentimientos negativos (venganza, ira) en positivos (generosidad, amabilidad).

23. PICARDÍA Y SENTIDO DEL HUMOR

Se puede ver el lado cómico de la vida con facilidad. Le gusta reír y hacer reír a las personas. Son personas divertidas.

24. BRÍO/PASIÓN/ENTUSIASMO

Junto con la fortaleza anterior, son las dos únicas menos «serias» pero no menos importantes. Son personas llenas de vida, que se dedican en cuerpo y alma a las actividades que realizan. Por la mañana están ansiosos de comenzar el día y poseen una pasión contagiosa en lo que realizan.

Esta lista de fortalezas ubicuas a la humanidad y elaborada por expertos basándose en todas las creencias religiosas, disciplinas y en el pensamiento de los padres del conocimiento universal, son una guía. Para diversas culturas una misma fortaleza puede significar cosas diversas, por eso se han aglutinado por grupos y se ha querido contener la interpretación más amplia. Pero aún te queda un ejercicio más que te propongo a continuación.

¿Cómo andas de fortalezas?

Ya hemos comentado que la identificación de las fortalezas y capacidades nos permite emplearlas de manera más consciente en todos los ámbitos de la vida: trabajo, relaciones personales, amor y familia.

Coge papel y bolígrafo y enumera todas ellas. Puntúa de 1 a 10 cada una de las veinticuatro fortalezas. Recuerda la virtud nueve (la autenticidad y la honestidad) y preséntate en este autoanálisis cómo crees sinceramente que eres. Otra opción que tienes es elaborar uno de los cuestionarios que encontrarás en www.authentichappiness.org (web soportada por la Universidad de Pensilvania), entra en el apartado de *Brief Strengths Test* y regístrate. La web tiene versión en castellano. Este «test de las fortalezas» mencionado contiene veinticuatro preguntas por cada una de las veinticuatro fortalezas, y te llevará unos treinta minutos completarlo. Puede servirte como un registro permanente de autoanálisis en diferentes campos de la psicología positiva, de tal modo que puedes experimentar mejoras en las puntuaciones según realices los cambios que necesitas en tu vida y en tu actitud. En la actualidad la web mencionada tiene dieciocho cuestionarios en diversos campos del autoconocimiento. Te recomiendo que realices el test de fortalezas o el test de optimismo, sin olvidar el de gratitud. Se trata de un *autochecking* de bienestar con la garantía del método científico de la psicología positiva. La web guarda la puntuación (mediante una clave a la que sólo accedes tú) y puedes repetirlo en un tiempo y verificar cómo evoluciona tu puntuación, si permanece estable o declina. Merece la pena.

Medir la felicidad y el bienestar es un primer paso en el camino de encontrar la vida auténtica. Las fortalezas nos llevan al camino de la felicidad y el bienestar duradero, y su medición conduce a conocernos mejor y actuar en consecuencia.

Recapitulemos: la teoría de la auténtica felicidad

La teoría de la auténtica felicidad se formuló en 2002 y le faltaban algunas piezas en el puzle. Definía tres vidas que se pueden dar juntas o separadas y en diferentes proporciones: la vida placentera, la vida plena y la vida lograda. A modo de síntesis, la teoría original de Seligman analiza tres elementos que se encuentran, respectivamente, en cada una de estas tres vidas: la emoción positiva, la entrega y el sentido. La **emoción positiva** se compone de los *felicines* que obtenemos, los placeres, a través de actividades de las que somos conscientes por nuestros sentidos. Se trataría de una vida basada en emociones y placeres: una vida placentera. Las emociones positivas son el primer elemento de la teoría de la felicidad. Pero necesitamos más cosas.

La **entrega** se produce cuando nos introducimos de manera plena en una actividad, eso que hacemos bien, extraordinariamente bien, que requiere de nuestras fortalezas y virtudes. La entrega no produce placer porque no somos conscientes, al «irnos» literalmente con la mente que se centra en concentrar sus recursos en la tarea. Recordemos que en la entrega, al ser una gratificación, no experimentamos placer. De esta forma, la entrega nos lleva al concepto de fluir y a encontrar eso para lo que hemos sido diseñados cada uno de nosotros y nos es propio: el *elemento*, tal y como lo define Ken Robinson. Cuando nos hallamos en el *elemento* el tiempo se detiene o vuela, porque perdemos la conciencia del mismo, y entonces fluimos. Para el fluir no hay caminos cortos ni atajos, y requiere de nuestro mejor yo. La entrega y la fluidez se encuentran en la vida plena.

El **sentido** es el tercer componente de la teoría de la felicidad de Seligman. Somos seres sociales, en apenas 600.000 años nuestro cerebro ha crecido de tamaño hasta duplicarse, un tamaño que nos permite relacionarnos y abordar operaciones mentales complejas de tipo social (y no de tipo técnico como se creía), como veremos en el capítulo de la mente. El sentido de pertenencia nos proporciona un grado más: sentir que somos parte de algo que es más importante que nosotros mismos o, de otro modo, ser parte de algo superior que se integra con nuestro ser, que nos conecta con todo. Esta idea puede relacionarse con las creencias religiosas, pero desde un punto de vista psicológico es agnóstica. El sentido es la base de la vida lograda.

La teoría del bienestar: un paso más

¿Qué hay de los retos que nos proponemos? ¿Dónde situamos las relaciones positivas con otras personas? ¿Es la felicidad sinónimo de estar contento y satisfecho? Tanto los logros como las relaciones positivas son elementos que nos permiten medir algo que se sitúa en un grado más que la felicidad, y es el bienestar. La propia felicidad tiene un defecto que es la connotación de estar contento. Sin embargo, estar contento puede no ser una buena forma de medir el bienestar. Algunos expertos propugnan que personas cuyo rango de felicidad sea bajo o que sean más pesimistas de lo normal, pueden experimentar bienestar, que no tiene por qué ser algo parecido a estar contento. Por ejemplo, experimentar **relaciones positivas** y alcanzar **logros** no guarda relación con cómo nos sentimos en un momento determinado. Un logro se puede buscar aunque no se asocie a las emociones positivas, al sentido o a las relaciones positivas, tan sólo por el hecho de conseguir algo (una medalla olímpica, cruzar a nado el estrecho de Gibraltar o jugar a nuestro deporte favorito en una liga *amateur*). El logro nos proporciona una sensación de vida significativa, de haber conseguido metas que nos hemos propuesto en forma de retos. Las emociones positivas serían así la parte más básica de la felicidad, pero tienen el problema de que, al medirse (según la propuesta de medición establecida por las investigaciones en el campo de la psicología), responden en un 70% a cómo nos sentimos en ese preciso instante, y el 30% restante a nuestra valoración de cómo nos va la vida de forma general. Por ello, alcanzar las metas personales (logros) y establecer relaciones positivas con otras personas resultan mediciones más determinantes de nuestro bienestar. Por el contrario, tener como elemento de medida de la felicidad el estado de ánimo es, a todas luces, una teoría incompleta y con el riesgo de ser demasiado reduccionista, por lo que se entiende que la teoría haya avanzado hacia elementos más complejos. Ésta es la razón por la que dos elementos clave en la reformulación de la teoría de la auténtica felicidad, denominada ahora por Seligman la teoría del bienestar, sean ahora las relaciones positivas y los logros. Si en la teoría de la auténtica felicidad el indicador de medida era la satisfacción con la vida, y su incremento era un objetivo para mejorar la felicidad, ahora se trata de potenciar los cinco elementos del bienestar: emociones positivas, entrega, sentido, relaciones positivas y logros.

Felicidad imperfecta y maravillosamente humana

Con la experiencia acumulada a día de hoy por la comunidad científica, podemos establecer otra fórmula de la felicidad (o bienestar) en la que dejamos atrás el rango fijo de la felicidad (en el que creo especialmente, a juzgar por la evidencia) pero nos movemos en una ecuación más optimista. Me refiero a una que tenga presente valores que pueden incrementarse con ejercicios y práctica, algunos de los cuales ya se han comentado.

Nuestra fórmula, que tiene en cuenta a los expertos en la materia, sería de esta forma:

Bienestar = Emociones Positivas + Compromiso + Sentido

En esta fórmula, cuyas variables hemos analizado ya, debemos matizar y recordar que el **placer** no dura, es breve. El **compromiso** nos lleva a disfrutar con lo que hacemos y fluir, y el **sentido** nos lo proporciona un trabajo que nos realice, un proyecto o algo que nos merezca la pena. Nos adaptamos con facilidad a tener más dinero o más cosas materiales, pero tardamos algo más en adaptarnos a aquello que hace que la vida merezca la pena. Por eso hay que trabajar esta clase de adaptación, a través del autoconocimiento y de la práctica.

Todas las fórmulas que pueden ser útiles para la felicidad, ya sea la de Seligman de la «auténtica felicidad» o la que planteamos ahora, son aproximaciones imperfectas. Tener muchos placeres, aunque incremente la felicidad momentánea, no te proporciona la felicidad duradera o el bienestar. De la misma forma que sólo la fluidez no te puede hacer feliz, al margen de ser bastante complejo experimentarla con mucha frecuencia a lo largo de los siete días de la semana. Una recomendación, además de buscar la solidez en las tres columnas descritas, en las tres variables de la ecuación que hemos visto, es no obsesionarse con la perfección ni con la búsqueda de la felicidad en sí misma. No se puede ser perfectamente feliz. Y tener la obsesión por la perfección nos lleva directos a la frustración y a la infelicidad que se deriva. El equilibrio consiste en avanzar en todos los aspectos, o en la mayoría de ellos, sin dejar de lado ninguno. El Instituto Gallup ha determinado, en su estudio sobre el bienestar, que hay cinco ámbitos esenciales en los que nuestra vida debe prosperar: profesional, social, económico, físico y el bienestar de la comunidad, como hemos comentado. El bienestar se alcanza intentando la plenitud en cada uno de estos cinco ámbitos, y evitar intentar hacerlo por separado u obviar alguno. La clave es conectar cada uno de estos cinco elementos. Y para hacerlo es excelente la recomendación del profesor de psicología positiva de la Universidad de Harvard, Tal Ben-Shahar, de que aprendamos a fallar y a que las cosas no salgan perfectas. En esta línea, no se puede iniciar un camino de búsqueda de la felicidad obsesiva ni perfeccionista. Hay que hacer las cosas correctas y el bienestar aparecerá por sí solo. La realización de ejercicios validados puede ser un camino eficaz, si tienes alguna carencia y quieres subsanarla o mejorarla. Recordemos que las fortalezas se cultivan e intensifican, y hacerlo es también una buena decisión para incrementar el bienestar. También se puede aprovechar la fortaleza o el grupo de éstas en las que sobresalgamos especialmente, y utilizarla en los diferentes ámbitos (amigos, trabajo, familia o en el amor). Reservar una fortaleza para ocasiones especiales es perder una oportunidad de crecimiento y satisfacción personal. Hay que utilizar las fortalezas en las que uno destaca con generosidad, lo que es también la garantía de que su uso nos retornará en forma de gratificación y sentido.

La felicidad y el bienestar son caminos, no metas. La felicidad sana es la que es posible, la que falla en ocasiones porque es humana, la que unas veces supera la adversidad y otras veces lucha contra ella y hasta pierde alguna batalla. Nadie nos exige que seamos perfectos y felices siempre. Tan sólo que sepamos cuándo nos apartamos del camino que hemos escogido y cómo podemos volver a la senda de nuestra realización como persona.

CAPÍTULO 3

EL AMOR Y LA PAREJA

A veces nos enamoramos de la persona equivocada, pero esa persona nos prepara para la persona que será tu amor bueno

El ser humano está hecho para amar y ser amado. Esto no quiere decir que siempre necesite de alguien a su lado. Las personas nos realizamos a través del amor a nuestros seres queridos. Al margen de los amores filiales o el que se profesa a los padres, el amor a la pareja es uno de los misterios aún por resolver. Se sabe poco de los mecanismos bioquímicos que hacen que perdamos literalmente el juicio —o que nos quede suspendido— al amar a alguien. Y menos aún se tiene conocimiento de las razones o la lógica del amor, porque, sencillamente, el amor no se sustenta en ninguna explicación lógica ni racional, no responde a nada predecible ni susceptible de ser planificado; sucede, y ésa es la única certeza. Cuando una persona no sabe si te quiere (hablo de amor, no de sexo), desengáñate, no te quiere. Eso no quiere decir que no le gustes, y es posible que mucho, pero eso se llama atracción, no amor.

¿Cómo han amado los grandes filósofos y pensadores de la humanidad? Es un consuelo saber que la mayoría de ellos fracasaron en sus relaciones amorosas. Fueron hombres capaces de inspirar y orientar a la humanidad con sus teorías y reflexiones y, sin embargo, no tuvieron éxito en la felicidad con su ser amado. Lo que demuestra que la virtud de amar y ser feliz en una relación no se asocia a la capacidad reflexiva o a la inteligencia, como en el caso de los grandes pensadores. Amar es un arte, sin duda. Pero el amor, es un misterio.

¿Qué es el amor?

Son muchas y muy variadas las definiciones sobre el amor. Una que me parece acertada es: amor es aquello que hace que muestres tu mejor versión. Nos resulta natural cuando alguien pretende ser muy correcto y educado, muy sensible y atento con su pareja. Ser tu mejor versión significa sacar lo mejor de ti. Algunos piensan que esto es ficticio y que lo que en realidad se está haciendo no va más allá de interpretar un papel. Yo creo que es real, en tanto en cuanto no se interpreta nada; tan sólo se intenta ser el mejor, según sabes, según eres, según puedes. Eres tú mismo, en tu mejor versión, pero eres real porque sale de tu naturaleza, una naturaleza elevada e inspirada por alguien.

Otra definición que me gusta del amor es la que radica en la existencia del otro, llegando a afirmar que amor «es la alegría de que existas». Baruch Spinoza nos ofrece así una definición optimista del amor basada en la alegría, y nos ofrece también un argumento irrevocable: no es amor lo que no te proporciona felicidad. Un escritor contemporáneo y de gran éxito, Walter Riso, nos ofrece muchas respuestas a los amores que no nos convienen o amores tóxicos.

Lo que es un hecho demostrado es que el amor te cambia el orden de tus prioridades. Pero también produce un cambio que te afecta mucho más: cambia la percepción que tienes de la persona que amas. Las virtudes de tu ser querido se hacen aún más relevantes y los defectos te pasan más desapercibidos. Esto explica que cuando una persona deja de amar, ante sus ojos aparece una nueva realidad que deja al descubierto aspectos de nuestra anterior pareja que no entendemos cómo hemos podido obviar. No hay que preocuparse, es normal. No obstante, es recomendable que evitemos idealizar a nuestra pareja en exceso, o al menos, debemos ser conscientes de que si te parece tan especial y tan perfecta, estás siendo objeto de un ataque de amor... ¡Así que disfruta del momento!

Amores tóxicos

Tan importante es conocer lo que es el amor como lo que no es amor y se disfraza de una pasión o incluso de una obsesión que nos daña. Los amores que te hacen sufrir no son amores que convengan y por definición, si una relación no te conviene, es porque en ella no hay amor. Será otra cosa, pero no amor. El amor no te hace sufrir, sino que te hace ser feliz.

Hay amores «altamente peligrosos» que debes saber identificar, y cuando te encuentres con un amor tóxico, sabrás afrontar la situación, probablemente una de las más estresantes de tu vida.

Entrevistar a Walter Riso ha sido una de las experiencias más gratificantes, además de considerarme un entusiasta de sus libros. Riso nos hace recapacitar sobre la excesiva orientación al sufrimiento del amor en épocas pasadas, que con la excusa del romanticismo se nos ha inculcado a través del arte, la novela, la pintura o la poesía, que sufrir y amar van de la mano. Con esa idea del amor, de lucha y de sufrimiento, hemos llegado a la convicción de que amar te lleva de una forma u otra e inexorablemente por caminos tortuosos que te apartan de la felicidad. Ha llegado el momento de reclamar un amor alegre, un amor que te potencie y te eleve.

Decía san Agustín que con el amor no hay que hacer lo que hace un niño con su globo, que cuando lo tiene juega y cuando lo pierde llora. Cuando una persona, él o ella, responde al estilo «limítrofe/inestable» definido por Riso, estamos ante un amor caótico. Una persona con este estilo en sus relaciones amorosas es impulsiva, emocionalmente inestable, paradójica, caprichosa, insegura y con tendencia a crear adicciones. Así describe este psicólogo un amor «altamente peligroso», dando así título a su libro. Riso describe los estilos afectivos de los cuales sería mejor no enamorarse. Pero si alguien responde a este estilo, la buena noticia es que es el único que experimenta mejoría con la ayuda de un psicólogo o de un psiquiatra, o quizá con ambos.

Quienes se adentren en una relación con una persona «limítrofe/inestable» saldrán mal parados. Vivirán un mar de sensaciones donde el amor será caótico y desesperante. Las personas que encuentran a una mujer, por ejemplo, se preguntan por qué se enamoraron de ella. De todas las mujeres posibles ha tenido que ser ella, y no se es capaz de dejarla aunque se desee hacerlo. Porque para que haya mujeres que actúan así, debe haber hombres que encajan en el modelo de dejarse arrastrar. Riso habla de un paciente que llegó a su consulta diciendo: «La amo pese a sus ataques de ira, sus altibajos, los celos y el alcoholismo que no quiere tratarse. Ha roto la relación por lo menos seis veces en un año y después me llama para pedirme perdón. Parece independiente, pero me dice que me necesita siempre a su lado; me ama y al rato me odia, es tierna y luego se distancia o incluso se pone violenta. Una vez tuvimos una discusión y me llamó a las cuatro de la mañana para decirme que se haría daño». Walter Riso describe así una relación caótica en la que se bordea el límite entre la angustia y la locura, un amor de alto riesgo en el que te hacen sentir incapaz e ignorante. Es todo lo contrario a la estabilidad que buscan las personas en una relación. Al mismo tiempo, y al tratarse de una relación vitalista y excitante, es una experiencia que no aburre en ningún momento, porque no es predecible y de futuro siempre incierto. Incluso cuando se ha interrumpido la relación en la pareja, la pasión volverá a surgir y, tras la separación, acordada o no, se encenderá la llama para de nuevo desencadenar una tormenta de sentidos. Por desgracia, la estabilidad es difícil de alcanzar con una persona así, ya que sus estados internos son tan cambiantes como inexplicables. Un día será una persona madura y razonable, dando las explicaciones oportunas sobre su actitud o expresando lo que siente por su pareja, y en cuestión de horas y por alguna razón, todo cambiará y será exactamente lo contrario, apareciendo el caos de nuevo. Las palabras clave de este estilo de amar, afirma Riso, son indefinición e inestabilidad. Y es que el amor crece con la confusión. Cuando más te entregues, más sentirás el peligro de estar jugando con fuego. Ni la mente más equilibrada puede aguantar idas y venidas, altos y bajos. Un día te pedirán que te vayas, y al siguiente que estés con él o con ella de nuevo. Un día te amará y otro te será infiel, o te dejará. No saber lo que se quiere nubla la mente de estas personas. Por otro lado, una identidad sólida implica una definición sólida de quién soy y lo que quiero. Da un sentido a nuestra vida. Riso afirma que eso es vital para acceder a un amor maduro. Una crisis de identidad genera confusión sobre nuestro papel en la vida. La soledad es una experiencia aterradora para las personas con una personalidad psicológica como la descrita, ya que representa estar ante un absoluto vacío existencial. ¿Cómo estar con una persona que no se conoce a sí misma y carece de autoestima? Y es que el amor no nos permite elegir como creemos, simplemente ocurre. Además, la energía de estas personas y las emociones fuertes enganchan aún más a su víctima o pareja. Nuestra pareja puede resultar muy atractiva cuando está en el «modo estable». Humor, inteligencia, liberalidad y pasión. ¿Se puede pedir más?

Existen muchos tipos de relaciones afectivas, tantas como parejas. Pero las clasificaciones nos ayudan a identificarlas. Walter Riso en su libro *Amores altamente peligrosos* (Ed. Planeta Zenith) hace referencia a ocho estilos: histriónico (amor hostigante), paranoide (amor desconfiado), pasivo/agresivo (amor subversivo), egocéntrico (amor egoísta), obsesivo/compulsivo (amor perfeccionista), antisocial (amor violento), esquizoide (amor indiferente), y el limítrofe/ inestable descrito, que responde a un patrón de amor caótico. Estos tipos de amor pueden mezclarse, lo cual contribuye aún más a complicar la detección precoz y poner remedio. Mi recomendación es que dejemos atrás las justificaciones de esos comportamientos que chocan con nuestros principios y que los vemos desde casi el comienzo de una relación. La detección precoz de una relación tóxica es clave; es al comienzo cuando los signos deben alentarnos, y así tendremos más probabilidades de evitar seguir con una relación que no nos conviene.

Por ello, y aunque aquí nos hemos referido a un caso particular que es, según Walter Riso, el que más fácilmente se identifica, la esencia del problema es el mismo en una relación que no funciona: hay que dejarla pasar antes de que el daño que te haga se vuelva crónico y te deje marcado. Porque una relación tóxica siempre deja secuelas, aunque, al final, la hayas superado, alejando a esa persona de ti. Las secuelas se evidencian de una manera injusta en la siguiente relación, ya que la experiencia te condiciona. Por tanto, si no eres capaz de acabar con esa relación tóxica motu proprio, por una decisión consecuente y de una manera tajante (¡déjate de plazos y de tiempos!), si no eres capaz de hacerlo por ti, al menos hazlo por la que será tu pareja en el futuro: sabes que no tienes ese futuro con tu pareja actual, porque no quieres lo que te da. Y si lo sabes, hay alguien esperándote que sí merece esa oportunidad. No hagas esperar mucho a tu amor bueno, a tu futuro amor, y así podrás convertir tu relación tormentosa previa en una experiencia sin secuelas.

Acabar con una relación

Del lugar al que llegaste con el corazón,
no puedes regresar con la razón

Si estás enamorado de la persona incorrecta y te preguntas qué haces con él/ella no podrás zafarte sólo con la razón, sino que deberás primero desenamorarte. Los que más sufrirán al verte atrapado o atrapada en una relación que no te haga feliz o que te haga sufrir serán las personas más cercanas a ti; no lo entenderán y tratarán de darte razones y argumentos. Todo será en vano. Para acabar con una relación a la que llegaste con amor, sólo podrás hacerlo desde el desamor: antes de buscar argumentos racionales que te indiquen que no debes seguir esa relación deberás abandonar el lugar en el que estás y al que llegaste con amor. Sólo entonces tu mente será libre para tomar las decisiones correctas, para dotar de racionalidad y ser objetiva para decidir si las cosas son lo que parecen o sigues engañándote. Resulta difícil engañar a tu mente y convencerte de que mereces que te quieran bien. En ese caso es una buena solución situarte en disposición de buscar la razón: «Me merezco a alguien que me quiera bien».

Capacidad de amar

Hay gente incapaz de amar. Algunos de ellos serán profundamente infelices en su desconocimiento, porque quien no conoce nada no ama nada. Estoy de acuerdo con Paracelso (1493-1541): quien comprende, ama. Cuanto mayor es el conocimiento inherente a alguien o algo, más grande es el amor. No creo que se pueda amar a nadie si no se le conoce. Una prueba de ello es que cuando nos decepcionan espetamos un «no te conozco» que cae como una losa sobre la persona a la que dirigimos esta demoledora sentencia. Conocer es amar, pero ¿qué hay de los flechazos? Los neurólogos hablan de que uno se enamora en medio segundo. Ése será el tiempo que tardan los neurotransmisores en activar los circuitos oportunos en nuestro cerebro. Son los mismos que actúan en la infidelidad, el deseo sexual o el odio. Todos estos sentimientos producen consecuencias físicas y podemos decir que el amor se somatiza en nuestro cuerpo: se acelera el corazón, se dilatan las pupilas, se nos ponen los pelos de punta, mejoramos la estima y las defensas, y reducimos el estrés o el dolor. Es una cascada de reacciones químicas que nos somete a un pequeño estado de locura que es saludable vivirlo. Amar es bueno para la salud.

Está claro que en la atracción hacia alguien influyen elementos que no podemos nada más que intuir y que nos llevan a buscar alguna explicación a través de lo poco que se sabe de la bioquímica de la atracción (que no del amor). Las feromonas, esas moléculas que desprenden todos los seres vivos que se reproducen de forma sexual, son parte esencial de los mecanismos de seducción. Y, no nos engañemos, somos el fruto de millones de años de evolución, y las feromonas también nos condicionan. Nuestra mente se inclina de forma positiva hacia las personas cuyas feromonas son detectadas en el interior de nuestro hipotálamo. De la misma forma que un rostro bonito o interesante, según nuestro criterio y nuestros gustos, nos inclina hacia alguien. Puede ser su expresión, sus formas, su movimiento, sus expresiones. Sin conocer a una persona podemos quedar seducidos por ella o demostrar una atracción que sólo llegará a ser algo más a través del conocimiento profundo, y es entonces cuando llegará el amor. Primero fue el flechazo, la atracción intensa, pasional si ése es el caso, pero el amor no aparece sin conocimiento profundo del ser querido.

La pregunta de si es el amor un arte la respondió de forma magnífica Erich Fromm (1900-1980) uno de los pensadores más influyentes del siglo XX. Para la mayoría de la gente el problema del amor consiste en ser amado y no en amar, no en la capacidad de amar que tenemos todos, en mayor o menor grado. Y, ciertamente, este punto de partida supone un inconveniente importante que provoca no pocos fracasos o dificultades en las relaciones de pareja. Con frecuencia, cuando el enfoque que buscamos es el de ser amados, como contraposición a amar, utilizamos alguno de los atajos habituales, como el éxito o la riqueza. Los hombres, especialmente, caemos a menudo en el error de intentar atraer mediante nuestro poder social. Y las mujeres utilizan, habitualmente, el camino de ser atractivas cuidando su cuerpo, su aspecto, su olor. Para hacernos querer utilizamos los mismos recursos que para atraer amigos o tener éxito social. Cuando hablamos de ser amado, para la mayoría de la gente significa ser atractivo, gozar de popularidad.

Creemos que amar es sencillo. Que lo difícil es encontrar a alguien que pueda ser objeto de nuestro amor. El amor se ha convertido en una cosa, se ha cosificado y es una mercancía más, algo que puede adquirirse (no me refiero al intercambio de sexo, sino al amor como virtud). El premio que nos lleva a la felicidad que perseguimos en el terreno afectivo es encontrar una persona atractiva, que posea esas cualidades populares de las que hay tanta demanda en el mercado de la personalidad. Ese mercado se afecta por las modas, por los gustos del momento respecto al carácter atractivo o el físico ideal. Por ejemplo, en el Renacimiento, las chicas entraditas en carnes resultaban muy seductoras, y ahora la moda no las sitúa, precisamente, en la cúspide del mercado. Quien más susceptible sea a la búsqueda de lo que gusta a la sociedad en lugar de atender a sus propios gustos, más posibilidades de fracaso tendrá. Digamos que la personalidad fuerte y la determinación de lo que te gusta, al margen de los gustos o las influencias de tu entorno, puede ser un elemento predictivo del posible éxito al escoger pareja. No te empeñes en querer a alguien porque te parezca que es lo conveniente para tus padres o amigos, o porque debería serlo según el canon del momento: déjate llevar por tu intuición y tus verdaderos gustos, que no deben (ni es saludable) que coincidan siempre con los gustos de todos los que te rodean.

Dos personas pueden sentir algo parecido al amor cuando sienten que se están entregando algo similar: atractivo según los estándares, coincidencia de criterios o intercambio de éxito (él) por belleza (ella), aportados en dosis diferentes por cada miembro de la pareja. Un mercado funciona con intercambio de bienes a un precio determinado. No es de extrañar que en estas circunstancias las relaciones de pareja atraviesen por las dificultades que muestran en nuestros días. El mercado de las relaciones personales también está en crisis.

Atracción inicial

Dos personas que se conocen algo más, que se dejan llevar por la atracción inicial y eliminan las barreras que se interponen entre ellos, pasando de completos desconocidos a otra cosa, se sienten uno. Sentirse uno, fundirse con tu pareja es uno de los momentos más excitantes y estimulantes de la vida. Una fusión entre dos personas que se facilita aún más cuando hay atracción sexual y la relación se consuma. Una relación tan excitante como efímera, porque un amor basado en la atracción es, por definición, corto en el tiempo. La excitación inicial da paso a un conocimiento del otro, de sus fortalezas y debilidades, de sus miedos o de sus prejuicios. El conocimiento del otro no tiene por qué llevarnos al enamoramiento: ¿quién ha dicho que tenemos la obligación de amar a alguien sólo porque estemos iniciando una relación? En todo caso, tenemos la obligación moral de ser sinceros. De hecho, nunca he comprendido algo que suele suceder más en los hombres que en las mujeres: enojarse cuando no hay correspondencia en el amor. La actitud correcta sería asumir que no hay amor y que no le quieren a uno, y acabar la relación (o no empezarla porque no te den esa opción siquiera) de buenas formas o como seres civilizados. Pero también hacerlo por salud mental: ¿quién quiere estar con alguien que no le quiere y que se lo dice claramente? Sólo alguien que no sea capaz de quererse a sí mismo puede actuar de esta forma, o algunos hombres que no son capaces de escuchar lo que se les dice: sordos emocionales. Las personas con autoestima cuando no se les quiere en un lugar, sencillamente se van. Pero el engaño muchas veces comienza con uno mismo para luego ser trasladado a la pareja. Uno se engaña creyendo que quiere a alguien, actúa primero mintiéndose a sí mismo, para luego engañar a su pareja. Engañar y amar conjugan difícilmente. Como también resulta difícil amar a alguien en quien no se confía. Y si a pesar de ello, lo intentas, corres el riesgo de estar en permanente angustia y miedo, de dejar de ser tú, para ser una versión de ti confusa, pobre, atormentada e insegura. Una versión que no puede enamorar con todo su potencial. Si no puedes confiar en alguien, no te engañes, no es la persona de tu vida. Por otro lado, si sientes que es inevitable desconfiar, que los miedos y las inseguridades aparecen, no te engañes nuevamente: debes aprender a amar, ya que careces de esa capacidad. Y si tu caso es que consideras que tienes mala suerte, entonces eres el candidato perfecto a echar la culpa de tus males a las personas de tu entorno (tu pareja), a las situaciones que vives, y no le das ningún valor a tu capacidad de vivir, de escoger y de ser feliz por tus propios medios, sin estar sometido a los vaivenes de la suerte. Lo dijo con mucha claridad Albert Einstein: «La suerte favorece la mente preparada». En el amor, la personalidad preparada para amar se beneficia más de reconocer cuándo el amor llega, pero eso nunca elimina la posibilidad de que las cosas terminen saliendo mal: el amor es una mezcla de, al menos, varias cosas como preparación, receptividad, interconexión, capacidad y suerte. Preparación en tanto en cuanto tienes habilidades para amar, como hemos descrito. La preparación es estar en una situación que te permita ser tú mismo, o la mejor versión de ti mismo, que no estés lastrado por una relación tóxica o que estés anclado en una relación pasada. Tu capacidad debe estar libre de lastres y tu mente dispuesta. Receptividad porque eres capaz de detectar cuando el amor llama a tu puerta; tu corazón (digamos tu hipotálamo) debe ser sensible a las señales que te lancen, ya que si no prestas la debida atención, no podrás ver dichas señales. Interconexión, como el elemento que une a dos personas que se quieren: sus mentes se sincronizan, siendo capaces de desarrollar todo el potencial empático que permite hacer feliz a alguien, mientras disfrutas con dicha tarea. Capacidad como algo que mezcla tanto lo aprendido como lo innato. La capacidad de amar tiene que ver con amar a la persona correcta, que es algo tan sencillo como el amor que te conviene. Pero la capacidad también es dominar el arte de amar (teoría, práctica e intuición). Y, por último, la suerte. Pero para influir sobre un factor tan poco controlable como es la suerte, la única recomendación posible es que incrementes las posibilidades de que llame a tu puerta. Para eso es mejor que te pille trabajando. Algo así como la aludida inspiración a la que hacía referencia el genial Pablo Picasso, que decía que trataba siempre de que la inspiración le cogiera trabajando. Haz lo mismo con la suerte: que te encuentre trabajando en ser tu mejor yo, serena, dispuesta y atractiva, para que él te encuentre, y viceversa.

¿Cómo sé que estoy preparado para amar?

Pensar que amar es fácil es un error frecuente porque creemos que amar es tan sencillo como mantener relaciones sexuales, y poco más. Y la explicación a que exista esta creencia es comprensible: amar sin sexo es amar a medias. Deberíamos saber que el sexo, condición necesaria, no es ni mucho menos suficiente. Se puede amar a alguien sin mantener relaciones sexuales, claro, pero la consumación del acto es lo que completa y proyecta fuera de uno mismo. La relación sexual con el ser amado es poesía sin palabras, suspiros que lo dicen todo, intercambio de sensaciones y unirnos a ese alguien que lo es todo, en un intento ancestral de retomar esa fusión con la naturaleza que perdimos al nacer y salir del vientre materno. Eduardo Galeano nos lo dice con más claridad: «Ellos eran dos, por error que la noche corrige». El sexo con el ser amado nos eleva y corrige el error de ser dos, para transformarnos en uno sólo. Por eso es fácil incurrir en el error de que saber amar es tan sencillo como saber tener relaciones sexuales. El sexo es necesario, pero no suficiente.

Hay pocas actividades que nos ofrezcan tantas expectativas, ilusión y esperanzas como el amor. El estímulo que supone el comienzo de una relación amorosa no es comparable con la mejor de las ideas que nos llevan a emprender un negocio, ni con el éxito que proporciona triunfar en un nuevo proyecto o trabajo. Tampoco nunca una empresa tan sumamente excitante fracasó tan a menudo. Por ello, conocer las causas de esos reveses puede ayudar a reducir nuestra frustración y la ansiedad que produce fracasar con una relación. Es un castigo injusto para el que lo intenta. Sin embargo, hablar de fracaso en las relaciones que no funcionan puede conducirnos a pensar que somos imperfectos (cuando nuestra autoestima es baja), o creer que no nos amaban como merecíamos (cuando nuestra autoestima se encuentra a salvo). Puesto que se trata de buscar razones, en un caso nos autoinculpamos y en otro caso pensamos que el imperfecto era nuestra pareja. Pero en ambos casos, no podemos abandonar la sensación de fracasar. Como se dice: la victoria tiene muchos padres, pero la derrota es huérfana. Las mujeres, una vez más, nos vuelven a dar lecciones de humildad al asumir con más frecuencia que se encuentran ante una batalla perdida, lo que las lleva a una situación de frustración al no haber sido capaces de mantener su relación. En el fracaso de pareja, la frustración aparece con más frecuencia en las mujeres. Por otro lado, los hombres pensamos en una relación que se ha acabado porque el amor se fue o porque la convivencia se ha vuelto complicada e insoportable. La pregunta sería ¿cuál de las dos posturas es la correcta? ¿La de la mujer que lo ve como un fracaso o la del hombre que lo ve como una etapa más? Las dos son correctas, y ninguna de ellas lo es. La respuesta correcta es que la explicación para una relación afectiva que no funciona es aquella explicación que te haga más feliz. Y hombres y mujeres diferimos en la percepción de la felicidad, por ello diferimos en la respuesta. En una relación que no funciona no hay culpables, sólo hay ausencia de amor. Hombres y mujeres somos seres de la misma especie con visiones tan diferentes que no es de extrañar que en ocasiones pensemos que venimos de diferentes planetas. Pero estaremos de acuerdo en que cuando hay amor, nos volvemos uno y las diferencias se disipan o se toleran. Por ello no hay razones objetivas que justifican el fin de una relación, tan sólo existe la actitud de los implicados y la tolerancia cuando llegan los problemas. Porque, definitivamente, siempre surgen problemas en las relaciones, son la esencia misma de la convivencia, y hay que estar preparados para afrontarlos.

Estar preparado para el amor exige varias condiciones. En primer lugar, estar solo afectivamente, una soledad serena y aceptada. Si uno se encuentra sometido mentalmente a otra persona, a quien no puede o quiere olvidar, no está solo. Y si su mente se debe a otra persona, no podrá ofrecer una relación de calidad afectiva. Ofrecerá una relación pobre, superficial y simple. Algo que no llenará ni su alma ni la de la otra persona. Además, es importante haber cerrado heridas pasadas o relaciones pasadas. Las heridas nos dejan afectados, pero la profundidad de éstas no depende de la intensidad de la relación; es un error creer que haber amado mucho implicará sufrir mucho o tener heridas muy profundas. No. La profundidad de las lesiones tras una relación sólo depende de nuestra capacidad de sobreponernos y de nuestra autoestima. En ocasiones, nos consolamos creyendo que sufrimos mucho el fin de una relación porque quisimos mucho. Y es sólo una forma más de engañarnos: que tus heridas al acabar una relación sean profundas depende única y exclusivamente de ti. Dicho esto, es normal que debamos dejar pasar el tiempo y ordenar cabeza y corazón (la parte racional del córtex cerebral y la anímica del hipotálamo, respectivamente) hasta alcanzar un estado que nos permita mantener una relación con ese ser tan especial que acabamos de conocer.

Cuando consigues pasar la página de una relación anterior, cerrando heridas si las hubiere, o sencillamente dejando atrás una relación que no te satisfacía, entonces estás preparado para ser tu mejor versión. Dentro de tu escala personal —eso que nos diferencia tanto a unos de otros— serás el mejor posible en atención, ocurrencias, inspiración, cariño, estado de ánimo y muchas cosas más, que le encantarán a tu pareja. Si eres extrovertido serás muy comunicativo y jovial. Si eres más reflexiva, te hallarás en un punto de lucidez que deslumbrará a tu pareja, o te encontrarán serena y segura. En cualesquiera de los registros que te encuentres, serás la mejor versión, más aún, serás el mejor «yo», y eso es justo lo que te hace enormemente atractivo o atractiva para los que te rodean. Como decía Píndaro, uno de los más célebres poetas de la Grecia clásica, en su célebre frase, «llega a ser el que tienes que ser». A esto te lleva, sin duda, el amor.

El premio de nuestra vida

Las relaciones afectivas se producen todos los días. Pero el amor es algo especial, más exclusivo, más inusual, más auténtico, y el camino seguro de la felicidad cuando es un amor compartido y correspondido. Es el gran premio de nuestra vida. Y te permite llegar a ser quien tienes que ser, el modelo más avanzado de ti. Por eso, cuando estamos con la persona que amamos, una parte de nosotros le agradece que nos extraiga lo mejor, o, al menos, que tenga tendencia a sacar de ti esa forma de ser de la que te sientes entre tranquilo y orgulloso; sereno y vívido. Una sensación que te indica que el amor también debe ser equilibrio, aunque de su locura bien administrada emana una fuente de felicidad.

El goce y la serenidad de espíritu que ofrece el amor lo convierte fácilmente en el gran objetivo de la vida para el ser humano. Incluso cuando se renuncia a él, se hace por una causa mayor que la ofrece quien realiza los votos de castidad en diversas religiones: se trata de una renuncia que se ofrece como un sacrificio extremo. Si esto es así, ¿no deberíamos graduarnos en el arte de amar? ¿No deberíamos aprender del amor para alcanzar la felicidad? Hazte estas preguntas y aprende a estar bien en el amor.

Autoestima, maestría y lucha

Para estar en disposición de amar, uno debe quererse a sí mismo. La autoestima te da la vitalidad, el entusiasmo que debes poner en tu relación. Cuando la autoestima falla, tienes más riesgo de hacer las cosas mal, porque en tu subconsciente anida tu realidad inventada: te infravaloras y te justificas con un «estoy mal» que te sirve al mismo tiempo de pretexto. En cierto modo, es un círculo vicioso: tu falta de autoestima te incita a que actúes incorrectamente en tus relaciones personales, y eso te hace justificar un mal comportamiento, como pueda ser el engaño a tu pareja, tu egoísmo o tu falta de tacto. Te quieres tan poco que aceptas que estás haciendo las cosas mal mientras sigues haciéndolas. En este contexto, uno no puede experimentar ningún tipo de aprendizaje. Y en el amor, como en la vida, aprender es clave.

Quererse es primordial, y a ello nos lleva la inscripción que figuraba en el templo de Apolo en la Isla de Delfos: «Conócete a ti mismo». El autoconocimiento te llevará a quererte, con tus virtudes y tus defectos, porque te llevará a aceptarte tal y como eres. Aceptarte no es resignarse, sino querer ser quien eres, saber que eres especial, único e irrepetible. Es saber que tienes virtudes que te sitúan en una banda alta de la especie humana y es también la serenidad de conocer que no estás en la cumbre de todas las virtudes, ni falta que te hace. Hay investigadores que afirman que las personas con alta autoestima llevan en su interior un padre o una madre orgulloso (u orgullosa) por los éxitos de su hijo y tolerante con los fracasos. Una pareja que cuente con uno de los dos con buena autoestima puede hacer lo mismo: ser tolerante. Porque la autoestima alta se acompaña de una visión optimista de la vida y la persona es capaz de tolerar el estrés sin llegar a sentirse excesivamente ansiosa. Cuando llegue la desilusión y la depresión que se asoma ante situaciones puntuales, las personas con una adecuada autoestima se recuperan más fácilmente. En una relación de pareja, una autoestima fuerte apuntala la relación ante las vicisitudes, reveses y fracasos que deberán afrontar.

Alcanzar algunas virtudes que se nos antojan ajenas es una posibilidad que la ciencia certifica. Podemos tender a la perfección sin alcanzarla, pero con la vocación de estar puntualmente muy próxima a ella, y es una sensación fácilmente reconocible. En la relación de pareja, sentirnos bien con nosotros mismos, con nuestra forma de tratar, de compartir, de entender a la persona que queremos, nos aproxima a la virtud de amar. Es algo parecido a la capacidad que tiene el golf de atrapar y absorber a los que lo practican cuando comienzan. El golf requiere de muchas horas, como cualquier deporte técnico, y tener un buen *swing* es difícil, y es la clave para golpear con el palo a la bola de manera correcta. Si resulta tan adictivo en jugadores que no alcanzan la maestría, teniendo en cuenta lo difícil que es jugarlo, es porque en ocasiones das un golpe de maestro, un *swing* perfecto que lanza la bola al cielo para caer cerca del hoyo, en un golpe que pudiera perfectamente haber sido ejecutado por un profesional... Eso engancha a cualquiera. De la misma forma, las almas nobles se enganchan a esos momentos en los que nos sentimos orgullosos de haber estado a la altura: hemos sido empáticos, cariñosos, comprensivos... Hemos alcanzado la perfección aunque sea por un instante. Y eso te engancha y te anima a seguir tratando de ofrecer ese golpe perfecto que una relación tanto necesita. Lo importante es que en esta tarea se alternen ambos miembros de la pareja.

Para tender a la perfección debemos no sólo esforzarnos, sino provocar cambios mentales que nos hagan evolucionar, fruto del aprendizaje y de la voluntad de poner en práctica lo aprendido. La buena noticia es que a lo largo de la vida la mente evoluciona, a pesar de que nacemos con el mismo número de neuronas. Por tanto, en el aprendizaje y en la propia capacidad cognitiva y mental podemos modular y mejorar nuestro rendimiento (ver el capítulo 5 «Estar bien con tu mente»). Para facilitar el desarrollo de la autoestima, la inquietud por aprender debe estar presente. Tener una cierta preocupación por encontrar las respuestas a las preguntas que debemos hacernos, como ya hemos afirmado.

En el amor es necesario buscar la maestría que nos proporciona el conocimiento. Sabio no es el que conoce muchas cosas y posee una gran erudición, sino la persona que conduce su vida por el camino de la razón y la virtud. Un maestro enseña lo que conoce, un sabio ofrece, además, un estilo de vida, sugestivo, atractivo y con fuerza; un modelo que incita a ser imitado. Séneca es el gran sabio estoico para quien el amor está directamente relacionado con la virtud. Pero la virtud debe perseguirse con esfuerzo, con lucha intensa (*vivere militari est*: la vida es milicia). Así, la lucha y el esfuerzo te llevan a una victoria de paz y felicidad. En el amor, como en la vida, debemos estar preparados para una lucha diaria, una lucha que tiene como campo de batalla tu propia mente y que debe preservar del conflicto a la propia pareja: ésta debe estar ausente de la guerra. El terreno que rodea a la pareja debe estar al margen de la batalla diaria que tu mente puede librar. Se trata de librar tus batallas internas con quien las produce: tu mente. Y al hacerlo, dirigirla y decirle lo que quieres. Tú mandas y tú elijes las dudas que quieres tener, así como las batallas que quieres librar. Pero hay que preservar el terreno común de la pareja de las batallas de tu mente. De hecho, las guerras se deben librar lejos de casa y dejar para tu relación la paz y la concordia, siempre que sea posible. Y si no lo es, tiende a ello. De la misma forma que si no se es virtuoso, se debe tender a la virtud, partiendo de la base de que conoces qué te falta, qué puedes mejorar como ser humano. En definitiva, de que te conoces a ti mismo.

Para tener éxito en el amor es imprescindible darlo todo sin guardarse nada. El amor que más posibilidades tiene de tener éxito es un amor que busca la felicidad de la otra persona. El que más da siempre es el que más gana, incluso cuando se acaba una relación: si ha recibido poco o menos que su pareja, sus carencias serán siempre más soportables que el que lo recibió todo y ahora sufre el vacío de la separación. Por contraposición al amor sublime, el peor amor o aquello que podríamos calificar como amor de mala calidad, es el que está lleno de egoísmos, frivolidad, intrascendencia, es voluble y caprichoso. Un amor de mala calidad es pasajero y no tiende al infinito ni al compromiso desde la libertad. Afortunadamente, es extraordinariamente fácil reconocer todo esto, y por ello resulta sorprendente que el amor de mala calidad pueda engañar a tanta gente durante tanto tiempo. La única explicación plausible a que ocurra con tanta frecuencia y nos produzca tanta frustración es la capacidad que tiene la mente de no ver lo evidente. Una especie de punto ciego que muy bien describió el profesor de Harvard, Daniel Goleman.

El punto ciego en el amor

Una de las razones por las que tardamos en darnos cuenta de que un amor no nos conviene es la capacidad de la mente humana de autoengañarse, fruto de la necesidad vital de ser feliz y rechazar todo aquello que nos perturba, como la ansiedad, el fracaso y el dolor. Tres aspectos que se dan con frecuencia en las relaciones de pareja. La información que nos llega sobre la actitud de nuestra pareja cuando estamos ciegos se archiva en nuestro cerebro, disminuyendo la conciencia de los hechos y su memoria asociada. El punto ciego crea un mecanismo por el que se bloquea la atención atenuando así el impacto de una percepción negativa. El autoengaño es un mecanismo de defensa beneficioso para la estabilidad psíquica y emocional, pero nos puede llevar a no ser capaz de reconocer que una relación no nos conviene. Es un punto ciego que nos impide ver lo que todos ven. Como parte de esta ceguera, y quizá complementándola, intentamos entrar en una dinámica de búsqueda de explicaciones lógicas a situaciones ilógicas. Nos enfrascamos en discusiones y explicaciones inútiles, en una búsqueda desesperada de razones bien apoyadas que convenzan a nuestra pareja. Esto ocurre cuando encontramos ese tipo de personas que no pueden estar con nosotros ni alejadas de nosotros («ni contigo ni sin ti»). Suele ser común en personas que no están preparadas para amar, y todo intento de explicarles que un amor no debe tener oscilaciones que van de todo a nada, ni vivir en la duda permanente, resulta infructuoso. Pero pasarse de frenada tampoco es la solución: no eres el terapeuta de tu pareja. Aunque la búsqueda de respuestas a la gran pregunta de si me ama nos lleve a asistir a cursos y leer todos los manuales y libros que pasen por nuestras manos, en un intento de justificarle: «Es que no está bien». Por error, preferimos ser terapeutas que darnos cuenta de que, sencillamente, no nos quieren. Primero, ocúpate de tus problemas, de ordenar tu propia mente. Porque la batalla que se libra en la mente de tu pareja sólo puede resolverla ella o él. Toma la decisión de permanecer atrapado en una relación frustrante o de irte. Pero si aceptas seguir con esa relación, al menos reconoce que es tu pareja quien debe aclarar sus dudas, y es su mente la que debe ganar esa batalla que no puedes librar por ella. No intentes convencer a nadie de que te quiera.

Algunos autores, entre los que destaco a Walter Riso, han identificado estilos afectivos de los cuales sería mejor no enamorarse, dando pautas muy claras de cómo identificarlos y afrontarlos. Riso es un entusiasta defensor de que amar no es sufrir, y se pregunta ¿por qué nos resignamos a relaciones dolorosas? El amor no es infalible, ni justifica todo hacer las cosas en su nombre. Tiene límites, y uno infranqueable es el respeto al otro. Pero en ocasiones no es tan fácil reconocer el daño que nos hace nuestra pareja cuando un amor tóxico aparece. En estos casos más sofisticados, que se alejan de la agresión física y entran en el ataque psíquico, el supuesto amor viene disfrazado de un chantaje sutil, cierta extorsión emocional del tipo «si no haces esto es que no me quieres». Como dice Walter Riso: amar es vivir más y mejor, si el amor no es enfermizo ni retorcido.

En esa tendencia humana a ser perfectos, debemos aceptar que siempre estaremos lejos de esa perfección, y en el caso de una relación de pareja, la imperfección no lo hace menos real ni malo, tan sólo debemos saber que un amor saludable no tiene por qué ser completo, definido y claro. Debemos tender a esto mismo, pero no tenemos necesariamente que alcanzarlo, ya que el amor y la relación de pareja evolucionará cada día, comenzando con cada amanecer y acabando con la noche, para reinventarse y volverse a dibujar en una hoja en blanco que vamos rellenando y coloreando en el libro de nuestra vida maravillosamente imperfecta.

Mentiras y amor

Decía el dramaturgo Jerome K. Jerome: «Siempre es mejor política decir la verdad a menos, claro está, que uno sea un mentiroso excepcionalmente hábil». Y es que a un mentiroso no le queda más remedio que tener muy buena memoria, además de pocos escrúpulos que su mente se encarga de limpiar. Las intenciones provienen de las emociones y éstas se reflejan en el rostro y en el cuerpo. Por eso somos capaces de detectar las mentiras, al menos en ocasiones. Los polígrafos las detectan de una manera científica con los cambios de tensión, pero la tensión no es lo único que cambia cuando se miente. La persona que miente sufre fatiga mental y angustia, ésta última tiene sus propias señales indicadoras. Todos conocemos personas que son capaces de detectar mentiras. En cierto modo, la evolución nos ha dotado de la capacidad de identificar las mentiras a medida que éstas se han ido sofisticando. El ser humano es un detector de mentiras y en un mundo lleno de estos aparatos detectores lo más eficaz es creerse sus propias mentiras, ya que la verdad se oculta mejor a los demás en la medida en la que nos la ocultamos a nosotros mismos. Así nace el autoengaño.

Si asumimos que conceptualmente la verdad es buena, debe existir un mecanismo mental para conservarla en algún lugar: ¿dónde se oculta la verdad? El neurocientífico Michael Gazzaniga ha demostrado que el cerebro desarrolla con facilidad falsas explicaciones de sus razones. En ocasiones vislumbramos nuestro engaño cuando una parte de nosotros sabe que es así. En estos casos la verdad anida en algún lugar de nuestro inconsciente. Un yo puede engañar a otro, pero de vez en cuando hay un tercer yo que ve la verdad. Es posible que todos tengamos un poco de genios y de locos, pero también algo de mentiroso hay en el paquete genético. Como decía Mark Twain: «Hay un modo de averiguar si un hombre es sincero: preguntándoselo; si responde que sí, sabrás que es deshonesto».

Cuando se renuncia a ser sincero y se miente, es mayor el daño que se ocasiona uno mismo que el que produce en el otro miembro de la pareja. La mentira provoca que la mente consciente trate de justificar el engaño de quien lo lleva a cabo. Por ejemplo, si se atraviesa un mal momento y se desata una crisis de pareja, alguno de los dos puede entender que verse con un tercero o mentir acerca de una aventura, incluso, puede estar justificado. Se trata de otro mecanismo de defensa que hace que podamos engañar con una cierta justificación mental. A corto plazo, produce ese efecto de creer que no hacemos algo tan malo; al fin y al cabo, nuestra pareja —pensamos para nosotros— no nos está dando la felicidad que queremos. Sin embargo, las personas que en el seno de una relación actúan así, no tienen en cuenta el efecto de la mentira en el subconsciente donde se desarrollan otros procesos que se relacionan con cambios a largo plazo, en el terreno de la autoestima. El subconsciente es esa zona de la mente de la que no nos percatamos y es una fuente primaria de información para nuestro consciente. La mentira produce insatisfacción a corto plazo, pero a largo plazo afecta porque nos hace sentir mal, ya que la consciencia de no actuar correctamente nos provoca conflictos con nosotros mismos. La mentira es una mala inversión para el amor tanto a corto como a largo plazo. Pero el mayor daño se produce en la persona que miente. Mentir acaba con la sensación de hacer las cosas bien y te mete de lleno en el grupo de infelices con baja autoestima.

Mentir agota al que miente, y le lleva a sentirse mal. Claro está, existen mentirosos patológicos, pero aquí nos referimos a personas sin patología aparente que recurren a la mentira en su relación de pareja. La mentira produce daños irreparables en la relación, ya que puede ofrecer carta de naturaleza en forma de legitimidad para engañar al que previamente ha sido la víctima. El engaño en la pareja se constituye en una clase de espejo en el que te miras y te transformas de verdugo en víctima, propiciado por la necesidad del engañado de cierto resarcimiento. Quizás un engaño contado puede tener más fácil solución que un engaño descubierto, pero ambos constituyen peligros que consumen la paciencia y el afecto del otro miembro de la pareja.

Gracias a la complejidad de nuestra mente, no debemos resignarnos a ser engañados por nosotros mismos indefinidamente, ya seamos víctimas o propiciadores. La mente consta de partes diseñadas para la virtud, otras para la razón y otras para el amor. Algunas otras son lo bastante inteligentes para burlar a las que no están preparadas ni para amar, ni para la razón, ni para la virtud.

Los filósofos y el amor

A lo largo de la historia existen numerosos pensadores que han forjado las bases del pensamiento universal, respondiendo a preguntas que el ser humano lleva formulándose desde su existencia. Son las mentes que agitan nuestra alma, nos ofrecen consuelo con su erudición y responden a dudas sobre nuestra existencia. La filosofía existe porque el ser humano existe. Pero ¿cómo han amado los grandes filósofos? ¿Han sido felices en sus relaciones de pareja?

Sócrates (470-399 a. C.) Filósofo griego. Junto con Platón, al que instruyó personalmente, y Aristóteles conforman el referente ineludible de la filosofía clásica, al tiempo que son el exponente clave en el pensamiento universal de todos los tiempos. Si las palabras de Sócrates eran escuchadas con suma deferencia en el ágora ateniense, en casa, era su esposa Jantipa quien llevaba los pantalones. Descrita a menudo como mujer insolente, pendenciera, protestona y permanentemente airada, su mal carácter la convirtió en leyenda. Es célebre la anécdota que evoca a una malhumorada Jantipa derramando sobre Sócrates el contenido de un orinal. Un convencido dialéctico casado con una maestra de la discusión, todo un reto. La convivencia conyugal no debió ser un camino de rosas cuando el propio filósofo, lo relata Platón en su *Fedón o del Alma*, pidió como última voluntad, antes de ingerir la cicuta, «que se lleven a esa mujer».

San Agustín de Hipona (354-430 d. C.) Filósofo y teólogo. Considerado uno de los padres de la Iglesia y uno de los precursores del pensamiento occidental. Una buena educación le pone en contacto con los pensadores clásicos y con la que será una de las corrientes de mayor influjo en su pensamiento, el neoplatonismo de Plotino. A san Agustín le tocó vivir la consolidación del cristianismo frente al paganismo romano. Agustín se debatió de joven entre los placeres y la búsqueda de la verdad, estudiando retórica en Cartago. Su debate entre el placer y la castidad le lleva a su famosa frase: «Señor, hazme casto, pero aún no». Hasta tal punto se debatió entre los placeres terrenales y carnales que, aun poderosamente convencido de los preceptos de la Iglesia católica, tardó en recibir el bautismo ya que se sentía incapaz de adoptar una vida ascética y casta. Finalmente, será la lectura de las Epístolas de san Pablo la que le proporcione la clave para consagrarse a su credo sin ambages: «Revestirse de la Gracia de Cristo es el camino para vencer a las pasiones». Este mensaje junto con el mencionado bagaje platónico subyacen en su concepción dual del amor: amor terrenal frente a amor a Dios. Este último ha de prevalecer y servir de orientación al primero. Nunca al contrario. Sólo así el amor que se profese en la vida será adecuado y verdadero (*caritas*) en lugar de corrupto y mundano (*cupiditas*).

Agustín se sintió turbado por sus dudas y tuvo que escoger entre el amor a Dios y el amor terrenal, quedándose con el amor celestial. No cabe duda de que fue un hombre excepcional, un santo, un padre de la Iglesia. Su renuncia al amor terrenal es una muestra de lo difícil que resulta evadirse a la fuerza irrefrenable del amor, algo que sólo pueden hacer hombres excepcionales.

Pedro Abelardo (1079-1142) Filósofo y teólogo francés del siglo XII. Su sobresaliente habilidad para la diatriba dialéctica y una ambición insaciable se convierten pronto en su tarjeta de presentación. Siendo él maestro, la escuela catedralicia de Notre Dame vive su etapa de máximo apogeo, formándose la élite eclesiástica. Completamente endiosado y cegado por su propio éxito, siendo canónigo se encapricha de Eloísa, una joven excepcionalmente formada para su tiempo y cuya conquista inicia. El filósofo convence al tío de la muchacha y se convierte en su instructor personal; maestro y pupila entablan una apasionada relación en la que los libros pasan a un segundo plano. Todo se complica cuando el pariente de la joven descubre el verdadero motivo de los encuentros y los prohíbe.

Durante la separación, Abelardo se queda profundamente enamorado y Eloísa, inconfundiblemente embarazada. Decide raptar a la joven que da a luz en el exilio meses más tarde. Pero la tumultuosa historia de estos amantes no termina aquí. Avergonzado de su conducta, Abelardo confiesa todo al pariente de Eloísa y, con el objeto de atenuar la ofensa, se casa secretamente con ella. A los familiares de la joven aquello no les bastó y Abelardo comete un tercer y último error: enviar a Eloísa a un convento para hacer creer que pretendía tomar los hábitos. El tío de Eloísa se entera y se siente nuevamente estafado y salda el agravio castrando al presunto educador. El castrado fraile y malogrado teólogo sólo tiene un consuelo: las cartas que la hermana Eloísa le enviaba, y el vívido recuerdo de su romance.

Y es que poseer un extraordinario juicio y capacidad no nos impide cometer un error tras otro hasta llevarnos al agujero desde el que no podemos salir.

Søren Kierkegaard (1813-1855) Filósofo y teólogo danés. Considerado uno de los padres del existencialismo. Pensador muy crítico con la religión, especialmente con el cristianismo, que puso en tela de juicio y reprobó con severidad. Sus complejas cavilaciones teológicas le dejaban poco tiempo para atender a la llamada del amor... Aun así, Cupido llamó a su puerta en 1837 bajo el nombre de Regina Olsen, una joven de apenas quince años, de la que quedó instantáneamente enamorado. La cortejó durante varios años hasta que decidió declararse formalmente, en 1840. Fruto o no de haber formalizado dicho compromiso, a Kierkergaard comenzó a intimidarle la perspectiva del matrimonio. Recoge sus pensamientos Mariano Fazio en *Una senda en el Bosque. Guía del pensamiento de Kierkegaard*:

«Pero al día siguiente, vi en mi interior que me había equivocado. Un penitente como yo era, con mi vida *ante acta* y mi melancolía...: aquello era suficiente»

Todo hace pensar que empezó a sentirse atrapado con el noviazgo y pronto achacó a su naturaleza melancólica una supuesta incapacidad para la vida conyugal. Con el pretexto de no querer que su confusión destruyera a Regina, terminó por romper el compromiso. La joven, dolida y despechada, se casó con otro hombre, aunque nunca le olvidó. Søren Kierkegaard, tampoco: su pensamiento se tornó más sombrío tras la ruptura y Regina se convirtió en referencia habitual en sus obras.

Kierkegaard nos muestra que no es requisito único la madurez para alcanzar compromisos de pareja. Es algo más, ya que se le supone madurez intelectual. Se trata de no querer renunciar a su libertad... Y él no estaba dispuesto a ello. Cuestionó la religión, pero no fue capaz de cuestionarse a sí mismo, como una persona incapaz de un compromiso con una mujer.

Friedrich Nietzsche (1844-1900) Alemán. Uno de los filósofos más influyentes de los siglos XIX y XX. Su obra, profundamente anti-platónica y nihilista, cuestionó los pilares del pensamiento, la cultura y la religión occidentales. En la vida personal de Nietzsche, soledad e infortunio siempre fueron de la mano: nunca gozó de buena salud, padecía una sífilis que derivó en locura y murió tras contraer una severa neumonía. El amor tampoco le sonrió, o al menos, no en la medida en que él habría deseado. Porque, paradojas de la vida, el misógino Nietzsche, también perdió la cabeza por una mujer: En 1882, conoce a través de su amigo, el también filósofo Paul Rée, a una joven de la que queda perdidamente enamorado. Se trata de Lou Andreas Salomé. Para desgracia de Nietzsche, Rée también ama a la muchacha. A partir de ese instante se establece un triángulo amoroso que se prolonga en el tiempo y que Friedrich consiente con la esperanza de que, finalmente, Lou se decante por él. No en vano, llega a pedirle matrimonio en diversas ocasiones obteniendo siempre un no por respuesta. Los celos y las envidias de ambos pretendientes terminan por disolver la relación a tres bandas. Lou conoce al lingüista Friedrich Carl Andrea y se casa con él. Rée termina suicidándose y Nietzsche, profundamente frustrado, se encierra en sí mismo y escribe *Así habló Zaratustra*.

¿Hasta qué punto nos altera y transforma una relación amorosa? ¿Qué estamos dispuestos a ofrecer, incluida la dignidad, para que el ser amado nos corresponda? Nietzsche sólo pudo conseguir que la frustración de su infortunio amoroso le permitiera la inspiración de una obra construida sobre la desgracia de su relación.

Jean-Paul Sartre (1905-1980) Prestigioso filósofo y escritor francés, fue uno de los principales baluartes del existencialismo. Entendía las relaciones humanas, tanto las inspiradas por el odio como las trenzadas por el amor, desde el conflicto: amar es querer dominar la voluntad del otro. Odiar es detectar la libertad del otro frente a la propia e intentar anularla. Con este punto de partida parece lógico que la mujer de su vida fuese alguien como Simone de Beauvoir, compañera y rival de estudios durante su posgrado de filosofía en la Sorbona de París. Con ella entabló una relación, cuanto menos, poco convencional para la época: Jamás convivieron ni contrajeron matrimonio, no tuvieron hijos y la máxima irrenunciable de su peculiar idilio fue la absoluta libertad. Hasta tal punto que tanto Sartre como Beauvoir mantuvieron todo tipo de relaciones sentimentales y sexuales con otras personas siempre que lo desearon para, finalmente, regresar en momentos puntuales de sus vidas, al refugio del uno en el otro. Siempre convinieron en que ambos eran una suerte de almas gemelas y que una relación monógama y convencional habría emponzoñado dicha naturaleza. Sin embargo, hubo luces y sombras en esta relación: Sartre era especialmente promiscuo, más si cabe que la propia Simone. Acomplejado y atormentado, combinaba el bálsamo de su «amor necesario» con Beauvoir, como él mismo lo definía, con un amplio catálogo de «amores contingentes» y con el consumo de drogas y alcohol. La pregunta inevitable, por tanto, es ¿fue Sartre realmente feliz?: Mantenía justamente el modelo de relación liberal que una parte de la sociedad actual entroniza y, sin embargo, no parece que fuera así.

Los existencialistas se centraron en el análisis de la condición de la existencia humana, la libertad y la responsabilidad individual, las emociones, así como el significado de la vida. Propugna el existencialismo que la naturaleza no determina a los individuos, sólo sus actos y, en consecuencia, se afirma que el individuo es libre («la existencia precede a la esencia»). Sin embargo, la debilidad inherente a Sartre condicionó, paradójicamente, su existencia.

Conclusiones para estar bien en el amor

No deberíamos caer en el tópico «mal de muchos, consuelo de tontos», por lo que las vidas amorosas de algunos de los filósofos más relevantes de la historia no deberían consolarnos ni resignarnos. Es cierto que el fracaso amoroso es común entre los grandes pensadores de la humanidad. Pero eso nos debe dar razones para triunfar donde no lo han hecho, ni siquiera, los padres del pensamiento universal. Probablemente pusieron toda su capacidad en sus pensamientos y no en el amor, que también es esfuerzo. Algunos de ellos no eran capaces de amar, porque no todos tenemos ciertas virtudes. Saber amar es una virtud y un arte. Como cualquier arte requiere primero de conocimiento teórico. El mismo conocimiento que te lleva a aprender de los grandes filósofos y recorrer el camino de la vida, te ayuda con el amor. Pero la teoría sólo es una parte. El amor también es práctica, y ya hemos visto que la práctica del amor poco tiene que ver con tener muchas relaciones, y menos con tener mucho sexo. Hay que practicar la virtud de amar de forma correcta: querer bien a alguien fortalece tu capacidad de amar. Conocimiento, práctica e intuición. La tercera de las características de la práctica del amor es la intuición. Teoría y práctica se convierten en la máxima expresión cuando la intuición colabora. Y aunque la capacidad de cada individuo, su aptitud, influirá en el éxito en su relación de pareja, la naturaleza nos ha dado la oportunidad de aprender cada día, de cada relación. Es el premio de los que se esfuerzan por aprender, por ser mejores y por alcanzar la mayor y más completa plenitud: la que invade a las personas que sienten el amor y se elevan con su pareja. Y si en el camino encuentras a alguien que no te quiere, no te obsesiones con retenerle. Sencillamente, déjale ir; nadie está obligado a amar. Si el problema no es que no te ame, sino que te ame mal, facilita que se vaya con más intensidad y premura, ya que estás perdiéndote la oportunidad de ser feliz con esa persona que te quiera bien, como te mereces.

CAPÍTULO 4

TU CUERPO

ERES EL RESPONSABLE DE TU CUERPO

Creemos que somos pensamientos, que somos nuestra mente o incluso nuestra alma. Creemos que estamos aquí y que adoptamos una forma corpórea, como si se tratara de una situación transicional hacia otra vida. Y estamos equivocados: somos un cuerpo, no una máquina de carne y hueso. Nuestro cuerpo es la más completa proyección de nosotros mismos. Es el fruto de nuestros hábitos, de nuestra forma de caminar, de la manera en la que comemos, de cómo afrontamos la vida. El cuerpo te conecta con la tierra, con la vida, pero también te puede conectar con el universo, si conoces las técnicas para ello, si crees o si consigues trascender y elevarte. El cuerpo necesita descansar, necesita dormir. Debemos alimentarnos correctamente, practicar ejercicio y evitar el estrés, en la medida de lo posible. Cuando no hacemos todo esto, el cuerpo se vuelve más torpe. No conseguimos concentrarnos lo suficiente, o nuestra capacidad de reaccionar se afecta. Pensemos en cómo estamos cuando dormimos mal o poco, cuando comemos comida grasa en abundancia o tenemos tensión en el trabajo. ¿Cómo reacciona nuestro cuerpo? Y es que cuando el cuerpo tiene su energía biológica disminuida, por la razón que sea, nos provoca un vaciado de la energía mental.

Nuestro cuerpo es el resultado último de la evolución, es el organismo más evolucionado de las formas de vida conocidas. No lo es por ser el mejor, sino porque tiene la responsabilidad de estar en la cumbre de la cadena alimenticia, y tenemos que utilizar ese poder con responsabilidad.

Para cuidar nuestro cuerpo necesitamos tener una mente sana, comer adecuadamente y realizar ejercicio. No hay edades que limiten estas tres reglas básicas.

Deepak Chopra es una autoridad internacional en varias disciplinas psicológicas, entre las que se encuentra el abordaje de la interacción cuerpo-mente. Habla de la responsabilidad que tenemos todos de cuidar nuestro cuerpo. Pero dicha responsabilidad no es apuntarse a un gimnasio y comer pescado en lugar de carne, sino ser consciente que metabolizamos todo, transformamos todas nuestras experiencias materiales e inmateriales, mediante procesos químicos, en energía. Respiramos, y el aire que entra en nuestros pulmones lleva el oxígeno que nuestras células necesitan. El cuerpo no es una carga, eres tú. No tienes que llevarlo a cuestas. Cuidarlo no es una tarea tediosa, es vivir bien.

Cuando el cuerpo es flexible, ligero, brillante, lleno de energía, equilibrado y ágil en la respuesta, la conciencia está presente. Y es entonces cuando el fluir te llena, como hemos visto en el capítulo 2.

Cuidar el cuerpo no debe ser un esfuerzo puntual, debe ser una manera de cultivarnos, de vivir, de estar bien. En este capítulo abordaremos la alimentación y el ejercicio físico.

Cuidado del cuerpo: entre la obsesión y la salud

Uno de los problemas que tiene el cuidado del cuerpo, desde el punto de vista de la imagen social que provoca su excesiva atención, es que se ha encasillado como algo un tanto frívolo.

En cuestiones de cuidado o higiene personal, a un excesivo celo corporal de los hombres, por ejemplo, se le ha llamado ser «metrosexual». Se trataría, en estos casos, de hombres preocupados en exceso por su aspecto: utilizando cosméticos, destacando por su aspecto muy elaborado, aseado o cuidado, que puede incluir hacerse la manicura, depilarse u otras prácticas que son más habituales en la mujer. Sin embargo, lo que antes era algo inusual en el hombre, ahora es más común, y este término ha perdido fuerza y se acepta un mayor cuidado corporal y estético masculino. En una encuesta a pie de calle (sin método científico) una veintena de mujeres, preguntadas por la redactora de *Estar Bien* respondieron que preferían a su pareja sin vello. También, fruto de las obsesiones a las que nos conducen determinadas prácticas, algunas personas muy preocupadas por su estado físico han desarrollado la necesidad de estar siempre musculados; es una obsesión por ver su cuerpo cubierto de músculos, pudiendo llegar a la vigorexia, que alcanza grados diversos según la obsesión.

No está claro lo que diferencia una obsesión de algo que, sencillamente, le puede gustar a uno. Los expertos opinan que, si limita tu actividad diaria, ésa es la línea roja que hace que una práctica o manía se convierta en una obsesión patológica. Que uno tenga el hábito de verse muy musculado y eso lleve a practicar varias horas cada día de gimnasio puede ser una obsesión. Si eso te hace feliz, sería cuestionable, siempre y cuando no suponga un perjuicio, limitando tu actividad normal para relacionarte, trabajar y seguir, en definitiva, con tu vida. Por tanto, seguimos con dudas razonables de lo que es o no una obsesión, porque cualquier afición podría ser una obsesión: que el equipo favorito de alguien pierda y le provoque un gran disgusto no deja de ser una limitación en la vida de muchos aficionados.

En materia de alimentación, unos trastornos que están cobrando cada vez más relevancia son los relacionados con la conducta alimentaria, que afecta a mujeres adolescentes en algo más del 90% de los casos. Los trastornos de la conducta alimentaria (TCA) afectan a un 5% de la población, pero tienen el inconveniente de que le acompañan a uno toda la vida. Se trata de una patología complicada de diagnosticar, que tiene en la anorexia y la bulimia sus máximos exponentes, y que obliga a los padres a estar muy pendientes de la actitud de las adolescentes con su cuerpo y con los alimentos.

Aspecto físico y alimentación son objeto de trastornos o limitaciones en menor o mayor medida. No cabe duda de que la predisposición psicológica es un factor desencadenante de conductas, algunas de ellas patológicas. Por ello es importante darle a cada cosa la adecuada ponderación, partiendo de algunos hechos irrefutables: todos queremos estar muy bien, cuidar nuestro cuerpo, nuestro aspecto y tener una adecuada alimentación. La fórmula para ello es estar bien informado, una extraordinaria forma de ayudarnos a nosotros y a nuestro entorno.

Tu cuerpo eres tú

Lo primero que hay que entender es que tu cuerpo eres tú. Pensar que es un medio temporal produce el mismo efecto que pensar en una relación amorosa de manera temporal: no te entregas. Tu cuerpo acoge tu vida, tus recuerdos, tu conciencia, tus hábitos... Tu cuerpo no es un medio para estar en este mundo. Es algo más. Tener conciencia del cuerpo como nuestro «yo» te conciencia como cuando tratamos de inculcar a un pequeño que la naturaleza debe ser cuidada para preservar la vida con calidad. Detrás de la mayoría de las enfermedades hay un cuerpo víctima de la genética, del ambiente o de los malos hábitos. Pero también, detrás de estados de salud, hay personas que no han querido resignarse con su genética y han provocado cambios que les han permitido liberarse de sus riesgos heredados. Como afirma Jörg Blech, el destino no está en los genes, al menos no de una forma determinista. No somos marionetas; los genes no nos controlan todo, pero zafarse de la genética exige trabajo y autoconciencia. Es cierto que el alcohol, el tabaco, la contaminación, una alimentación incorrecta, drogas alucinógenas y otras prácticas nocivas, son una bomba de relojería: puede o no explotarnos y jugamos con esa posibilidad. Para algunos, es una suerte no haber caído en la práctica de fumar, porque es un hábito terrible en sus consecuencias que se adquiere cuando tenemos poca consciencia del cuidado de nuestro cuerpo, de nuestra salud. Por eso, pienso que no fumar está más relacionado con la suerte que con la voluntad. Albert Einstein nos abre la mente y ofrece una respuesta con su genial afirmación de «la suerte favorece la mente preparada». Cada vez hay más personas que son conscientes de que su cuerpo bien tratado les hace más felices. Se sienten mejor. No hay necesidad de acudir a la Organización Mundial de la Salud o a los estudios epidemiológicos que ya establecen el riesgo de determinados hábitos, de la falta de ejercicio, del sedentarismo o de una dieta inadecuada para la salud.

Nuestro cuerpo es la máxima expresión de nosotros y nos permite sentir, experimentar y compartir la vida. Cuídalo y te recompensará con generosidad, incluso cuando la genética no te sea del todo propicia: tu cuerpo es así de generoso contigo.

Hoy día tenemos la suerte de escoger, en base al conocimiento científico existente, cómo vivir y qué tipo de vida queremos llevar. Cuando la información se refiere a uno mismo, la ciencia nos ofrece una herramienta revolucionaria: nuestra genética. Desde hace pocos años, la genética ya se utiliza con mucho éxito en medicina para proporcionar el tratamiento farmacológico más eficaz o para que células enfermas o ausentes sean repuestas por medio de terapia génica. Pero ahora se ha dado un paso más. Fruto de la epidemiología, que estudia la relación entre las enfermedades y los hábitos, se han podido establecer correlaciones con la presencia de determinados genes en nuestro material genético; sabemos qué enfermedades podemos padecer y cómo disminuir las probabilidades de sufrirlas. De esta forma, es como estar presente en un telediario del futuro que nos cuente lo que nos podría ocurrir, al menos de una forma más probable. Lo que nos permite, básicamente, conocer nuestro código genético es tomar nuestras propias decisiones sobre el estilo de vida que queremos llevar y el beneficio que obtendremos tomando las medidas adecuadas, invirtiendo tiempo y escogiendo las que serán más beneficiosas. Se trata de que hagas una vida sana, sí, pero de que tengas una salud eficiente, dedicando tiempo y esfuerzo para cumplir con los objetivos buscados, ni más, ni menos.

La medicina personalizada ya proporciona, en la práctica médica habitual, servicios de orientación diagnóstica, pronóstica y predictiva basados, principalmente, en tecnología genómica, proteómica, metabolómica y bioinformática. Centrándose y facilitando la aplicación de estas nuevas tecnologías nuestra sociedad se beneficia de la promoción de la salud.

En definitiva, sabemos que la alimentación y el ejercicio son clave para mantener y mejorar nuestra salud, pero conocerse más a sí mismo, ya desde la antigua Grecia, sigue siendo un tributo que ofrecer a nuestra felicidad presente y futura. Un tributo que la genética nos permite alcanzar hoy.

ALIMENTACIÓN Y DIETAS

Claves para una correcta alimentación

Durante los últimos años se ha producido una obsesión con la disminución de la ingesta calórica, a través de métodos como no comer (eliminar comidas) o la disminución de alguno de los llamados principios inmediatos (hidratos de carbono y grasas, sobre todo). Son errores comunes que están llevando a muchas personas a perder el tiempo (sus resultados son pobres en términos de adelgazamiento) o a sentirse mal cuando se quitan algún kilo que les sobra.

Lo primero que hay que asumir es que el cuerpo responde a una sencilla ecuación de calorías consumidas (actividad metabólica del cuerpo más el ejercicio físico) y a calorías ingeridas (alimentación). Esta ecuación debe ser equilibrada, puesto que si el primer miembro de la ecuación no equivale al segundo, tenemos un desequilibrio:

calorías consumidas = calorías ingeridas — ESTOY BIEN
calorías consumidas > calorías ingeridas — ESTOY DÉBIL
calorías consumidas < calorías ingeridas — ESTOY CON SOBREPESO

Que las calorías ingeridas no superen a las consumidas es la clave para mantener un peso adecuado. Pero no todo el mundo responde por igual ni al ejercicio físico ni a la dieta: la genética juega un papel relevante y lo que es bueno para una persona (disminuir los hidratos de carbono, por ejemplo) puede ser contraproducente para otra o puede no tener el mismo efecto. Esto se produce porque cada uno tenemos una actividad metabólica diferente, y los procesos químicos que se producen en nuestro organismo son propios de cada persona. ¿Cómo saber qué tipo de genética tenemos? En la actualidad existen algunos test que muestran no sólo cómo respondemos al ejercicio físico en relación a las calorías consumidas, sino que ofrecen información sobre el riesgo de padecer enfermedades metabólicas o cardiovasculares, una información que debe siempre interpretarse conjuntamente con los hábitos alimenticios y con la actividad física. Por tanto, si alguien te comenta que le ha ido muy bien con una dieta o con ciertos hábitos alimenticios, no creas que necesariamente conseguirás los mismos resultados con esa misma dieta si te propones seguirla.

Otro aspecto clave a destacar es que no existen los atajos, como en tantas cosas en la vida, en materia de pérdida de peso: cualquier dieta que prometa que se puede adelgazar más de 50 gramos al día (o un kilo y medio al mes) va a producir lo que se llama «efecto rebote» a través de diversos mecanismos, y recuperarás, e incluso superarás, el peso que tenías antes de perder lo que te sobraba. No existen atajos en esta vida para casi nada: perder peso es una tarea que debe realizarse planificando la alimentación y el ejercicio a medio plazo. En los casos en los que sea necesario, también es importante contar con un médico o con un nutricionista. Mejor si puedes incorporar la experiencia de ambos profesionales según sea tu estado de salud general y tus necesidades.

Muchas veces nos encontramos con personas que evitan una comida, sencillamente no cenan o no comen. No hablo de la abstinencia como método de purgar el organismo, sino de eliminar una comida directamente, intentando así ingerir menos calorías. Es una de las prácticas más poco efectivas para perder peso, por las razones que ahora analizamos. La evolución genética nos ha proporcionado la posibilidad de dar señales a nuestro cuerpo de que va a pasar algo de hambre, y de que es conveniente atenuar el metabolismo, de la misma forma que un ordenador entra en reposo, sin apagarse, cuando no está siendo utilizado de manera normal y ahorrar así energía. En el caso de las personas que poseen esa capacidad a través de los llamados «genes ahorradores», no comer les hace bajar la temperatura corporal y dar la señal al cuerpo de que el próximo alimento que se ingiera sea aprovechado mejor (una forma evolutiva de responder a la escasez de alimentos). Nuestro cuerpo, además, también emite la señal de estímulo del apetito, regulado hormonalmente. De esta forma nuestro organismo nos dice: «Voy a aprovechar más el alimento futuro que ingiera y voy a buscar más alimento porque tengo más hambre». Es fácil comprender que en estos casos lo peor que se puede hacer para adelgazar es evitar una comida. Nos servirá para que un pantalón entre un día, pero en pocos días el pantalón no entrará, y cuanto más alargues suprimir comidas mayor será el efecto rebote. En términos de alimentación, cinco comidas es lo ideal, y eliminar una de las tres comidas es un error que te puede provocar incrementar más el peso a medio plazo.

El consumo de una manzana proporciona tantas calorías como su digestión. Por ello, cuantas más veces pongamos en marcha en un día dicho proceso digestivo, más calorías consumiremos. Se trata de acelerar el metabolismo propio.

Predecir el efecto rebote

El grupo de Endocrinología Molecular de Santiago de Compostela, adscrito al Centro de Investigación Biomédica en Red-Fisiopatología de la Obesidad y la Nutrición (CIBERobn) ha investigado el elevado poder diagnóstico del ratio entre la leptina (inhibe las ganas de comer) y la grelina (despierta la sensación de apetito) en la predicción de la recuperación del peso, tras haberlo perdido gracias a una dieta de adelgazamiento. La información, de gran valor para individualizar los programas para perder peso y evitar el temido efecto rebote, se obtiene a través de una simple muestra de sangre.

Estos hallazgos se han presentado en el Congreso de la Sociedad de Endocrinología celebrado en 2012. Además, el trabajo ha sido reconocido como la mejor comunicación en investigación clínica del 53.º congreso de la Sociedad Española de Endocrinología y Nutrición (SEEN). «Se trata del descubrimiento de una herramienta no invasiva para la detección precoz de los pacientes obesos más propensos a recuperar el peso perdido después de haberse sometido a un programa de tratamiento dietético con dieta hipocalórica inducida», sostiene la doctora Ana Belén Crujeiras, principal investigadora.

El hallazgo continúa la línea de investigación abierta hace un par de años, destinado a buscar la conexión entre estas dos hormonas clave en la regulación del comportamiento alimentario, y cómo su cantidad en sangre determina la predisposición de cada persona a recuperar los kilos perdidos.

Ahora sería posible individualizar los programas de pérdida de peso de acuerdo a las necesidades terapéuticas de los pacientes, evitando resultados fallidos en los tratamientos. Las personas del grupo «recuperadores» mostraron ratios de leptina-grelina estadísticamente más altos (el doble) en el momento inicial del estudio que los «no recuperadores».

En conclusión, el cálculo del ratio leptina-grelina antes de participar en el programa de reducción de peso puede ser una herramienta útil no invasiva para personalizar la terapia de la obesidad y evitar resultados terapéuticos desfavorables.

Un mundo apasionante se halla aún por descubrir en este campo, y la ciencia que estudia la epigenética (la manera en que funciona la expresión genética, cómo se transmite y expresa) puede ofrecer las claves. Crujeiras intenta averiguar en la actualidad, junto con el Centro de Epigenética del Cáncer que dirige el doctor Manel Esteller (del Instituto de Investigación Biomédica de Bellvitge de

Barcelona), si existen patrones epigenéticos que puedan predecir la respuesta al tratamiento dietético para perder peso, así como la predisposición de las personas obesas al desarrollo de cáncer.

¿Son los hidratos de carbono malos?

Los españoles consumimos hasta un 20% menos de hidratos de carbono de lo recomendado. En un estudio realizado en 2011 que evalúa los hábitos alimenticios, impulsado por la Agencia Española de Seguridad Alimentaria (AESAN), se ha determinado que el 40% de las calorías que ingieren los españoles proviene de los hidratos de carbono, una cantidad por debajo del 50-60% recomendado. Esto es debido en parte a un bajo consumo de cereales y derivados especialmente en mujeres. Una tendencia a eliminar el pan, la pasta o los cereales en el desayuno es la principal razón. Sin embargo, la mayoría de la población supera la ingesta recomendada de grasa total, ácidos grasos saturados, colesterol y proteínas. Este exceso puede ser perjudicial para la salud. La paradoja es que la tasa de obesidad aumenta, aunque consumimos 250 calorías (o kilocalorías) menos de las que se consumían hace veinte años, según el estudio DRECE (Dieta y Riesgo de Enfermedades Cardiovasculares en España). El desequilibrio alimentario tiene cifras según la Encuesta Nacional de Ingesta Dietética (ENIDE) que realiza la Agencia Española de Seguridad Alimentaria (AESAN): el perfil calórico global de nuestra sociedad muestra un índice de proteínas de un 17-18% y un 42% de grasas, ambos por encima de los valores recomendados. En el caso de las proteínas el porcentaje recomendado de su ingesta es del 10-15% y en el caso de las grasas debe ser del 35% de la dieta total. Otros estudios recogen esta tendencia, como el DRECE. La población adulta ingiere una media de 2.542 calorías, 250 menos de las que se consumían en los años noventa, y sin embargo la obesidad ha aumentado. Dentro de las causas de la obesidad se reconocen factores genéticos, endocrinos, neurológicos, psicológicos y ambientales, todo ello se traduce en un desequilibrio entre la energía ingerida y la consumida. Una sencilla ecuación de complicada solución si no se establecen y comprenden unos principios básicos. En todo esto, es la actividad física lo que puede ofrecer un mecanismo eficaz de control de las calorías, aunque el nivel de eficacia también puede variar de un individuo a otro, para reducir la ingesta de dichas calorías.

Los hombres tienen tendencia a comer más hidratos de carbono que las mujeres; en éstas apenas una de cada cuatro alcanza el objetivo de ingesta de hidratos de carbono. Aunque no es oro todo lo que reluce, los hidratos de carbono son buenos, pero nos referimos a los llamados «complejos». Los hidratos de carbono simples (como el azúcar común o sacarosa) deben de limitarse siempre en la dieta, y no deben superar el 10% de la ingesta energética diaria. El estudio ENIDE al que hemos hecho referencia, ha puesto de manifiesto que los azúcares simples alcanzan un 20% de la dieta, esto es, el doble de lo recomendado. Por ello, el incremento de la ingesta de hidratos de carbono debe hacerse a través de los llamados «complejos» como el pan, los cereales o la pasta. La mayor contribución a la ingesta de hidratos de carbono, según la encuesta, corresponde a los cereales (33%), seguido del grupo de las frutas (17%) y las legumbres (16%).

Aunque debe personalizarse en cada caso, sí parece que un buen comienzo para mejorar el perfil de la alimentación de cada uno es incrementar el consumo de hidratos de carbono, por ejemplo, a través de cereales en el desayuno, pasta y pan en las comidas, y también legumbres y hortalizas. Puesto que los hidratos de carbono son la base de la pirámide alimenticia, se debe realizar una ingesta mayor y con más frecuencia que la de otros nutrientes, si se quiere seguir una dieta saludable.

Las dietas hiperproteicas

Las dietas hiperproteicas deben administrarse bajo prescripción médica y, de hecho, se llega a hospitalizar a los pacientes. Los expertos aseguran que esta dieta es una cuestión de moda que comenzó con la dieta Atkins. Esta dieta prohibía los hidratos de carbono y permitía todas las grasas y proteínas. Continuó la de Montignac, que permitía los hidratos de carbono rápidos (azúcares simples), le siguió la dieta de la Zona que añadía Omega 3 y la Dukan que incluyó avena. La avena fermenta en el intestino y provoca gases. Todas las dietas se basan en los mismos principios.

Cuando se comen hidratos de carbono y se queman en el organismo, se transforman en dióxido de carbono y agua, que se eliminan por la respiración y el riñón, respectivamente. Cuando se ingiere grasa, el organismo lo transforma en dióxido de carbono, agua y en calor. Pero cuando se comen proteínas, éstas contienen nitrógeno y éste no se puede metabolizar en el organismo, por lo que el hígado debe fabricar urea que se elimina entonces por el riñón. Por tanto, toda persona que coma muchas proteínas tiene sobrecargado el hígado y los riñones. Recordemos que la recomendación de ingesta de proteínas por la Organización Mundial de la Salud es de un gramo por kilo de peso corporal al día. Para que nos hagamos una idea, setenta gramos de proteína serían un filete de carne, un vaso de leche, un poco de pan y un huevo.

¿Protege el sobrepeso a las personas mayores?

Existe la creencia de que, con la edad, se gana peso. No obstante no se ha correlacionado nada más que un ligero incremento de peso con la edad, nada significativo. Recientemente, se han llevado a cabo estudios que determinan que en edades avanzadas pasarse un poco de peso tiene más ventajas que inconvenientes. Una persona rellenita tiene un índice de masa corporal (IMC) entre 25 y 30 puntos. En un estudio llevado a cabo en Leganés (España) en el que se estudiaron mil pacientes de más de sesenta y cinco años, la menor mortalidad se producía en las personas que tenían un IMC de más de treinta. Aunque el resultado es contradictorio, existe una explicación según los expertos. Las personas de más de sesenta y cinco años con IMC de más de treinta tienen más masa muscular y eso hace que estén más fuertes, soportan mejor las enfermedades y se recuperan más rápido. Se pueden permitir un sobrepeso si llevan hábitos de vida saludables. Lo que es muy perjudicial es el sedentarismo, más que el sobrepeso. Pero es importante no extrapolar conclusiones para el resto de la población, ya que el sobrepeso siempre es nocivo en adultos, es un factor de riesgo de enfermedades cardiovasculares y diabetes, entre otras.

Es importante destacar que el IMC es una medida útil pero no es la única para hacer una valoración adecuada. Dos personas pueden tener el mismo IMC pero una de ellas puede tener más volumen de grasa. Por ello en algunos casos este índice es poco indicativo y es necesario realizar algunas exploraciones complementarias.

Bacterias intestinales y obesidad

La microbiótica intestinal humana está compuesta por miles de especies diferentes, muchas de ellas residen en el intestino grueso y constituyen la mayor parte de la masa fecal. Sí, nuestras deposiciones son, básicamente, bacterias. Seamos menos escatológicos y vayamos al intestino y a las bacterias que lo habitan. Nuestras bacterias intestinales contribuyen a nuestra salud mediante diversas funciones metabólicas, incluyendo la fermentación de residuos dietéticos no digeribles y produciendo vitaminas. La función defensiva protege contra agentes patógenos externos. Otra función defensiva implica a la mucosa intestinal, su desarrollo y proliferación, ya que se halla en continua renovación. Además, la defensa inmunológica contribuye formando anticuerpos que protegen frente a las bacterias patógenas y otros organismos.

Existen varios trabajos experimentales en modelos de ratones que muestran que en los obesos, pero no en sus congéneres más delgados, existe una disminución de hasta el 50% de las bacterias intestinales. Algunos estudios con humanos obesos han demostrado que una dieta adecuada que les haga disminuir peso produce la restauración del equilibrio bacteriano intestinal. A falta de más estudios, podemos anticipar que el desequilibrio de las bacterias intestinales humanas puede causar modificaciones en el balance energético, es decir, guardar más energía de la necesaria. Una explicación puede ser que, al no tener las bacterias intestinales que compiten con nuestro organismo de una forma beneficiosa, la energía sobrante la incorporamos a nuestro cuerpo. Se ha postulado que puede, incluso, favorecer la aparición de problemas como la hiperglucemia y la resistencia a la insulina.

¿Es saludable el ayuno?

El ayuno terapéutico se utiliza cada vez más. Sus defensores afirman que ayuda a depurarse y alarga la vida. En la revista *Estar Bien* hemos abordado este asunto y hemos querido averiguar los puntos a favor y en contra del ayuno.

Privar al cuerpo de alimento de manera voluntaria es algo que se ha hecho a lo largo de la historia de la humanidad, ligado fundamentalmente a la espiritualidad. Hoy en día se habla mucho del ayuno terapéutico, una práctica que defiende especialmente la medicina naturista. Según sus partidarios, ayuda al organismo a depurarse, potenciando la salud y la longevidad. Sin embargo, la técnica no consiste en no comer nada, sino en provocar en el cuerpo una serie de reacciones por la supresión de la comida sólida. Es decir, se beben líquidos procurando que la ingesta total de calorías no supere las 300 diarias. Esto provoca que se eche mano de las reservas corporales, lo que genera, para aquellos que la potencian, una revolución física y psíquica. La duración más recomendada en la medicina naturista es ayunar de uno a tres días, una vez por semana o al mes, o bien de tres a siete días una vez al mes.

La técnica cuenta con fieles seguidores y también detractores. Así, para María Lourdes de Torres, responsable de Dietética y Nutrición de Adultos del Hospital Miguel Servet de Zaragoza, no está demostrado que ayunar limpie el organismo de las toxinas. Su razonamiento parte de la base de que para trabajar todos los días el cerebro necesita glucosa y nitrógeno. El nitrógeno sale de los aminoácidos y éstos de las proteínas. El glucógeno o energía que almacena el hígado —cuya función es mantener la glucosa en sangre— sólo perdura en él veinticuatro horas. Si se está un día sin ingerir azúcares, el cuerpo busca un lugar para extraer ese glucógeno y en ese proceso se utilizan también electrolitos y agua, por lo que si no se bebe mucha agua puede empezar un proceso de deshidratación. Por eso, al ayunar, es conveniente beber mucho líquido.

Además, si no se ingieren proteínas, el organismo empieza a sacar de los propios músculos el nitrógeno, por lo que al extender esta práctica en el tiempo se pierde masa muscular. De este modo, estando una semana sin comer, hay una pérdida significativa de peso que responde a la pérdida de músculo y de líquido, no de grasa, por ello se recuperan kilos rápidamente en cuanto se vuelve a comer. Ya está de nuevo aquí el efecto rebote.

Otra cosa que sucede es que, al no haber ingesta, no se hace bolo alimenticio, lo que produce que el movimiento peristáltico (la contracción rítmica de los músculos del intestino delgado para hacer avanzar la comida) se vuelve más perezosa, y haya más estreñimiento. «Los beneficios del ayuno no están avalados científicamente», insiste De Torres, que apunta a que si se ayuna más de un día, cuando se vuelve a comer se produce el llamado efecto «yoyó», ya que el organismo ahorra la poca energía que recibe (como hemos visto antes), por lo que cuando se vuelve a una alimentación normal se duplica la asimilación porque, en previsión de más restricciones, el cuerpo limita el gasto de energía. «Estar veinticuatro horas de ayuno en una persona sana no es negativo para el organismo, pero más allá de ese tiempo no es recomendable», acota la especialista, al tiempo que insiste en que, pasado ese periodo, comienza a producirse una desorientación de la regulación de los fluidos corporales, de las transmisiones nerviosas y de las contracciones de los músculos porque las necesidades de minerales, de glucosa y de nitrógeno siguen estando ahí.

Decidir ayunar no es algo que se deba hacer de un día para otro. No es recomendable hacerlo de manera brusca, sino que hay que adaptar al cuerpo, al menos un día antes. De este modo, conviene ir sustituyendo productos animales por productos vegetales y tomar abundantes líquidos, especialmente infusiones. Se puede optar por las de cerezo, cola de caballo o diente de león. El día anterior se debe preparar al cuerpo ingiriendo sólo hortalizas y frutas crudas y lo mismo debe hacerse en el día posterior. Por lo tanto, si se decide ayunar una vez por semana, sólo se hace una alimentación completa y equilibrada cuatro días, porque de los otros tres uno es pre, el otro es durante y el tercero es posterior al ayuno.

Otra de las recomendaciones en la práctica del ayuno es evitar hacer movimientos bruscos, ejercicio y esfuerzo mental, dado que se puede producir fatiga cognitiva, mareos, subida de temperatura y más degeneración muscular. Si en algún caso hemos presenciado en una clase de ciclo o *spinning* a alguien que se marea o incluso que se disloca un hombro, se trata de alguien que está haciendo ayuno o alguna dieta a base de líquidos, con los inconvenientes comentados. En tal caso, para De Torres, el ayuno es algo que pueden hacer únicamente individuos sanos. No deben practicarlo, por tanto, mujeres embarazadas o en período de lactancia, menores de edad o mayores de sesenta y cinco años, diabéticos, hipotensos, hiperglucémicos, personas con obesidad grave, enfermos de tuberculosis, cáncer, sida o pacientes con insuficiencia cardíaca, de riñón, hepática o con trastornos psiquiátricos.

Alternativas al ayuno

A la hora de depurar el organismo, los expertos proponen una alternativa al ayuno. Teniendo en cuenta que el mecanismo de la digestión consume mucha energía, si se pone en marcha el ciclo de Krebs (parte del metabolismo oxidativo de glúcidos, ácidos grasos y aminoácidos para liberar energía utilizable por el organismo) muchas veces con una ingesta de calorías menor que las que necesita el cuerpo para hacer la digestión, esa energía se saca de la grasa acumulada. Por eso, cinco o seis ingestas al día con un poco de proteína, abundantes líquidos y fibra puede ser una alternativa. Se ha demostrado, por ejemplo, que ingerir menos grasas animales y menos proteínas animales de las que se necesitan, sustituyéndolas por aceite de oliva, de girasol o por dietas ovolacteovegetarianas es más sano metabólicamente, ya que deja menos *detritus* o residuos. Así, cuando uno se ha dado un atracón, al día siguiente no es recomendable no comer, lo que está indicado es hacer seis ingestas, en sólo dos de ellas comer proteína para incluir lo mínimo necesario para producir los aminoácidos y el nitrógeno del cerebro para que no se gaste de los músculos, y el resto hacerlo con fruta, no más de cuatro al día y con muchas hortalizas o pasta en cantidades pequeñas.

En su connotación sagrada, el ayuno «purifica el alma y eleva el espíritu», según las directrices de la Iglesia Católica, y por eso el Viernes Santo es día de abstinencia y ayuno. El Instituto Médico Europeo de la Obesidad (IMEO) propone un plan de alimentación para las personas que deseen llevarlo a cabo basado en líquidos que asegura los niveles mínimos de glucosa para el correcto funcionamiento del organismo. Los especialistas del IMEO indican que en día de ayuno el aporte calórico nunca debería bajar de unas 1.000-1.100 calorías diarias». Asimismo, se recomienda interrumpirlo si aparece sensación de debilidad, desmayos, sudoración profusa, temblor, taquicardia o fatiga.

Para el desayuno se recomienda vaso y medio de zumo de piña recién hecho.

A media mañana, vaso y medio de yogur bebido «cero grasas». Para el almuerzo dos tazones de caldo de verduras y pescado. Y para la merienda un zumo de tres naranjas, llegando a la cena en la que tomaremos dos tazones de caldo de verduras y pescado.

Mitos de la dieta

A continuación vamos a enumerar una serie de mitos que constituyen en muchos casos impedimentos para realizar una correcta alimentación. Subsisten en el imaginario colectivo, y desde la Sociedad Española de Estudio de la Obesidad (Seedo) se insiste en acabar con estas falsas creencias:

— Obesidad y su causa hormonal. Normalmente, a los pacientes con obesidad no se les detecta ningún problema hormonal.

— Peso y años. El aumento de peso que se relaciona con la edad es muy pequeño.

— Agua y calorías. El agua no engorda en ningún caso, independientemente del momento del día en que se consuma.

— Sal y peso. La sal es un mineral y no tiene calorías, aunque sí puede producir retención de agua en enfermedades como la insuficiencia cardiaca, renal o hepática.

— Aceites y calorías. Todos los aceites vegetales tienen las mismas calorías (oliva, girasol, maíz).

— Margarina y mantequilla. Ambas tienen casi las mismas calorías.

— Pan y variedades. Tostado, en bastones o la corteza, tienen las mismas calorías que la miga.

— Leche y propiedades. La leche de vaca desnatada tiene los mismos nutrientes que la entera a excepción de las vitaminas liposolubles (A, D, E y K) y las grasas. Calcio y proteínas no se alteran.

— Pasta y kilos. Su capacidad de engordar depende básicamente de la salsa que se utilice.

— Miel y azúcar. La miel es un azúcar, con sus calorías.

— Vitaminas y peso. Las vitaminas no engordan.

Los trastornos de conducta alimentaria

Comenzábamos este capítulo haciendo un repaso a los trastornos de la cultura del bienestar, que pueden interpretarse como el exceso obsesivo del cuidado que lleva justo a lo contrario: al abandono y el deterioro de tu salud. En este aspecto, los trastornos de la conducta alimentaria (TCA) son la deriva y confluencia de un perfeccionismo mal entendido, una distorsión de la realidad que hace que una persona se vea siempre gorda (afecta a mujeres jóvenes en nueve de cada diez casos), y una necesidad de integrarse a través de modelos imaginarios o imposibles de alcanzar.

Los trastornos de la alimentación son relativamente recientes, apenas hace veinte años han comenzado a aparecer, conocerse y detectarse. Se trata de una patología cuyo perfil evoluciona con la sociedad, como una especie de agente infeccioso que se adapta y se hace resistente a los antibióticos. Antes, se observaban trastornos con anorexias llamadas «restrictivas» caracterizadas por la eliminación o disminución de la ingesta de alimentos. Pero en la actualidad destacan las de tipo «purgativo», que incluyen el vómito y el mantenimiento de un peso normal.

En la actualidad, se observan muchas mujeres que comenzaron en la adolescencia y arrastran el trastorno ya cronificado. En estos casos, el abordaje y la recuperación son más complicados. También se observa el desorden por atracón, más relacionado aquí con la obesidad, por el incremento de peso que conlleva. En este caso, el individuo come compulsivamente en ocasiones, como su nombre indica. Paradójicamente, la crisis económica está produciendo un incremento de estos trastornos, por su dependencia del adecuado entorno familiar, según el fundador de la primera Unidad de Trastornos de la Conducta Alimenticia de España, el doctor Gonzalo Moranté, jefe de la sección de psiquiatría y psicología del Hospital Niño Jesús de Madrid. La tensión que viven los padres, por razones diversas, tiene su reflejo en la protección que pueden dar frente a esta enfermedad. Hay casos de niños que han perdido mucho peso y, sin embargo, llegan muy tarde a la consulta. La crisis cambia las prioridades de la familia, y algunos de sus miembros pasan a un segundo plano. Este segundo plano provoca que se acuda a las redes sociales en busca de consuelo, en las que los miedos y las malas compañías hacen de determinados adolescentes una presa fácil, y les llevan a un lugar común de desgracias y de prácticas no saludables.

Pero también existe, según los expertos, una mayor concienciación general de estas patologías, ya que los pacientes llegan antes al tratamiento. La excepción a este diagnostico precoz son los TCA que cursan con obesidad: los padres detectan más fácilmente una pérdida de 15 kilogramos que un incremento de dicho peso. Detrás de esto, existe la costumbre de comer bien en la infancia: si el niño merienda y quiere dos bocadillos, pues la madre feliz. Si repite tras un plato grande de pasta, pues ¡más energía! Estas conductas erróneas de padres y madres facilitan el diagnóstico tardío de la obesidad infantil. Como en todo, la intervención médica cuanto antes es clave para el éxito y la curación.

Las diferentes personalidades que sufren TCA son fluctuantes, aunque abunda el perfeccionismo. De este defecto, el «perfeccionismo», que lucha en contra de la felicidad de las personas, hablamos en el capítulo que aborda la felicidad. Resulta también curioso que aparezca como elemento de un trastorno alimenticio, lo que confirma que la obsesión por la perfección no trae nada bueno. Al menos, la perfección que nos hace desconectarnos de la realidad y nos transporta a un mundo que nos altera la percepción totalmente.

Enfermedades y genética

La medicina personalizada nos permite conocer las razones que han contribuido a la aparición de la obesidad y, más importante, facilita que tu médico pueda recomendarte las medidas preventivas y terapéuticas más apropiadas.

Los test genéticos analizan la predisposición genética hacia la obesidad general, obesidad abdominal (importante por su asociación con el riesgo cardiovascular), la regulación del apetito y diversas enfermedades asociadas con la obesidad: osteoporosis, diabetes y síndrome metabólico, hipertensión arterial, o niveles bajos del HDLc (el colesterol «bueno»), entre otros parámetros que interesa medir. Por otra parte, algunos test analizan también los genes que se han vinculado a la respuesta a las principales medidas preventivas y terapéuticas que se utilizan en pacientes con sobrepeso y obesidad: ejercicio físico, dieta pobre en calorías y la influencia de cambios cualitativos en la composición de la dieta. Algunos test también analizan variantes genéticas específicas que se han asociado con necesidades nutricionales concretas (como una dieta rica en folatos o rica en ácidos grasos monoinsaturados y poliinsaturados). Es importante no sólo analizar la predisposición genética, sino también los hábitos de vida. Por mucho que la genética pueda otorgar una predisposición para desarrollar obesidad o alguna de sus complicaciones, los hábitos de vida son igualmente importantes. Es más, estudios recientes demuestran que, si desarrollamos unos buenos hábitos de vida, podemos evitar, retrasar o minimizar la aparición de la obesidad o alguna de sus complicaciones.

Test genéticos de nutrición

La variación fenotípica entre individuos (la expresión de los genes en función del ambiente) se debe en parte a factores genéticos y a factores ambientales. La heredabilidad es la proporción de variación fenotípica en una población que es heredada (componente genético). La contribución genética a la variación interindividual en la obesidad común ha sido estimada entre el 40 y el 70 %. Quiere decir que el resto es influencia de factores ambientales o de la dieta. En este sentido, para cada una de las áreas que indico a continuación, la predisposición genética del paciente no significa que desarrolle o no cada una de esas condiciones específicas. El desarrollo de cada condición vendrá influido por la interrelación de la predisposición genética y el estilo de vida (ejercicio y dieta).

Es importante transmitir la relevancia de la predisposición genética y, al mismo tiempo, debemos evitar difundir una percepción determinista de la genética. Esa predisposición genética otorga una mayor importancia al establecimiento de un estilo de vida saludable y estable. Una persona que se cuide y que haga una vida sana puede desafiar a la genética.

Se han publicado estudios, tanto relacionados con la obesidad como con otras enfermedades complejas, que demuestran una mayor adherencia al tratamiento, así como un mayor grado de cumplimiento de los objetivos terapéuticos, fundamentado en el conocimiento de la base genética de la enfermedad por parte del paciente. O dicho de otra forma: cuando se le explica de una manera racional a un individuo que su predisposición genética a una patología es un valor determinado, como un dato de riesgo, las intervenciones realizadas en forma de tratamientos, dieta o ejercicio son más eficaces, porque son más tenidas en cuenta por los afectados. Encontrar la racionalidad nos da argumentos para tomarnos más en serio nuestro estilo de vida.

El Test Nutri inCode® está diseñado para detectar noventa polimorfismos. Un polimorfismo es una variación en la secuencia de un lugar determinado del ADN entre los individuos de una población. Los polimorfismos se traducen en diferentes fenotipos. Aquellos polimorfismos que afectan a la secuencia codificante o reguladora y que producen cambios importantes en la estructura de la proteína o en el mecanismo de regulación de la expresión, pueden traducirse en diferentes fenotipos (por ejemplo, el color de los ojos). Un fenotipo es, pues, lo que se expresa del genotipo en función de agentes externos. Es la manifestación visible de los genes.

¿Es posible un test genético que nos diga cómo respondemos al ejercicio físico o la manera en que metabolizamos las grasas? Hoy en día sí. Y de hecho, un sencillo análisis genético mediante la toma de muestra de la saliva de un individuo ya permite obtener esa información, que puede ser clave para cambiar nuestro estilo de vida.

Obesidad y genética

Por ejemplo, Nutri inCode® ha analizado 36 variantes en veinticuatro genes relacionados con la predisposición a la obesidad. Entre ellos destacan genes implicados en:

— La obesidad hereditaria monogénica (genes MC4R, PCSK1 y LEP) y compleja (genes FTO y SH2B1).

— Los procesos de autorregulación del peso mediante balance energético y control de la ingesta (genes BDNF, CLOCK, MTCH2, ADRB3 y AGRP).

— La adipogénesis, que determina el aumento del número de adipocitos (genes PPARG, ESR1 e INSIG2).

— El proceso inflamatorio en el tejido adiposo (genes IL1B e IL6).

Pues bien, se ha demostrado que la presencia de estas variantes genéticas contribuye a la predisposición individual a desarrollar obesidad. El análisis conjunto de las variantes detectadas revela quién tiene predisposición genética a la obesidad y quién no la tiene. Para ello, se nos sitúa en el porcentaje de población que corresponde. Por ejemplo, si un individuo se hace el test genético, se le indicará en qué rango se halla en comparación con el resto de población. De esta forma puedes saber si te encuentras en el grupo que tiene baja predisposición (zona en gris claro) o te encuentras entre la población con mayor riesgo (zona en gris oscuro). Los cortes por arriba o por debajo indican el nivel de riesgo (ver gráfico).

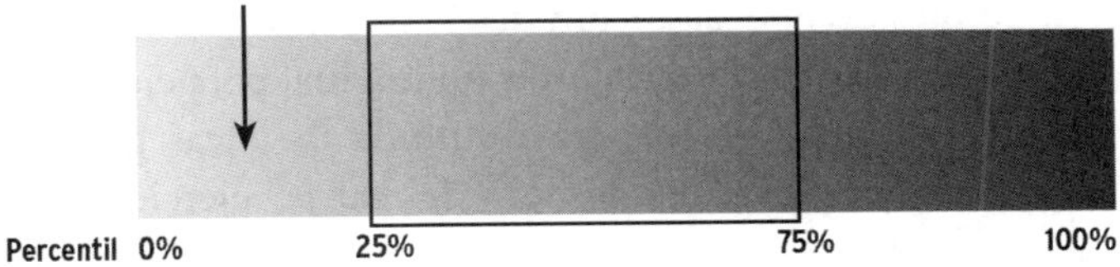

Gráfica: El test te indica la posición de tu riesgo máximo (100%) o del mínimo (0%) de la figura, y muestra que tienes una baja probabilidad de padecer obesidad, y te encuentras entre el 25% de personas con ese privilegio genético, en el caso hipotético mostrado. A medida que te acercas a la derecha en la gráfica, tu genética te hace más vulnerable a padecer alguno de los problemas mencionados, como el riesgo de obesidad.

En resumen, el Test Nutri inCode®, permite averiguar la predisposición genética para:

— Obesidad (como hemos visto)
— Desarrollar diabetes o el síndrome metabólico
— Los niveles de HDL protectores (el «colesterol bueno»)
— El grado de apetito
— La respuesta positiva al ejercicio físico
— El gasto energético que tenemos
— La hipertensión arterial

— Desarrollar osteoporosis
— La respuesta favorable a la dieta baja en calorías
— Establecer la eficacia de personalizar en la dieta los alimentos que disminuyan riesgos, especialmente las grasas, si el perfil genético es vulnerable.

Ahora ya sabemos que es posible realizar un chequeo genético que nos proporcione una información muy relevante, y dicha prueba puede realizarse en cualesquiera de los laboratorios de análisis, a través de una muestra de saliva. Estos tests se pueden hacer por un precio de alrededor de 400 euros.

EJERCICIO FÍSICO PARA ESTAR BIEN

El ejercicio físico y sus ventajas ha sido comentado en estas páginas, pero no ha sido abordado aún desde su práctica. Puesto que no es el objetivo de este libro elaborar un manual para ejercitarse, he preferido presentar de manera resumida las ideas generales que debemos tener presente a la hora de realizar ejercicio físico de manera regular.

Es bueno comenzar por asesorarse, ya que existen expertos que se dedican a eso, como los entrenadores personales. Creo que estos profesionales son un coste complementario al ejercicio que se desea practicar, como el gimnasio o la ropa deportiva que debemos adquirir. Evitan lesiones, recomiendan los ejercicios que nos son más propicios, te proponen objetivos, los evalúan y, si son efectivos en su trabajo, los alcanzas.

PON UN ENTRENADOR PERSONAL EN TU VIDA

En el ejercicio, como en la vida, la motivación es importante. Si realizamos alguna práctica deportiva y le ponemos música, la convertimos en algo más apetecible. Y si vamos introduciendo elementos concretos que nos atraigan y nos animen a su práctica, podemos estar creando una herramienta que obtenga seguidores. A todo esto ayuda que famosos hayan conseguido muy buenos resultados o recomienden alguna de estas prácticas. La moda del *personal trainer* ya no es algo propio de famosos, sino que mucha gente cuenta con uno o dos entrenamientos semanales con estos profesionales, que establecen no sólo una rutina, sino que te enseñan a realizar los ejercicios de manera correcta y a realizarlos con más intensidad. Modelos y actores hacen *footing*, pilates, *body combat* o practican ejercicio con asiduidad. El caso de Madonna también es especial, tras los agotadores entrenamientos, a sus cincuenta y cuatro años mantiene una figura atlética envidiable...Y es que la clave para mantener un cuerpo «diez» es combinar todos los tipos de ejercicios y mantenerse activo a todas horas. Es por ello que los gimnasios, cada vez más, emplean esta tendencia innovando con las diferentes propuestas y poniendo en marcha nuevas actividades que hagan más divertido y ameno la práctica del ejercicio. Martín Giaccheta, entrenador personal, explica que los gimnasios se han convertido en un centro de ocio donde la persona puede hacer deporte sin dejar de divertirse. Hay que motivar a la gente y hay que ofrecerle diferentes tipos de actividades. Muchos famosos son prescriptores de sus prácticas: Taylor Lautner, uno de los protagonistas de la saga *Crepúsculo*, tuvo que seguir un intensivo entrenamiento físico para poder dar el tipo de hombre lobo; o Matthew McConaughey que, además de ejercicio, algo vital para él, defiende un estilo de vida saludable, natural y respetuoso con el medio ambiente. Para Martín Giaccheta el deporte es tan grandioso que hay lugar para todo el mundo, y puede practicarse en cualquier parte. El entrenador personal tiene que juntar herramientas, como el *fitness*, pilates, ejercicios aeróbicos y de tonificación para llevar a cabo un entrenamiento completo. En cualquier caso, no hay famoso que se precie que no tenga su propio entrenador personal. No sólo les diseñan planes de entrenamiento a medida, sino que suelen supervisar su dieta y hábitos de vida. Un entrenador personal es como ir al psicólogo; tiene que analizar y motivar a la persona, sabe qué necesita el alumno y hacia dónde debe ir encaminado el entrenamiento. En España, esta tendencia se ha ido introduciendo desde hace una década, y cada vez son más las personas que los utilizan, ya que son una garantía para mejorar el estado físico, y no caer en la monotonía, evitando errores a la hora de hacer los ejercicios.

Algunos de los entrenadores personales y especialistas que he tenido la oportunidad de entrevistar, como Giacheta, me han comentado lo importante de la persistencia y el hábito al practicar deporte regularmente. También observamos cómo se van poniendo de moda diferentes prácticas como el *body pump*, *spinning*, *stretching*... Lo importante es que no se debe practicar una sola de estas disciplinas, sino que hay que combinarlas en la medida de lo posible. Todas ellas son herramientas para conseguir nuestros objetivos, y cuanta más variabilidad, mejor. Además, siempre hay que considerar la individualidad de la práctica: hay ejercicios que se adaptan mejor a nuestro estilo de vida y a nuestra genética, por lo que siempre es mejor contar con un entrenador personal que te aconsejará tu dieta de ejercicios ideal. El entrenador personal que triunfa es aquel que consigue resultados, que es sincero con su alumno y que es realista con los objetivos a alcanzar.

Cuerpos armoniosos

En cuanto al aspecto que buscan las personas que se entrenan, puede variar ampliamente, pero se observan unas tendencias generales que los expertos confirman. Ahora se llevan los cuerpos armoniosos y la moda que domina, en cuanto a objetivos que se desean alcanzar, se diferencian en el hombre y en la mujer, como era de esperar. El hombre ya no busca tanto los cuerpos muy musculados y lo que quieren es estar definido o «fit», especialmente con un abdomen aceptable y el pectoral desarrollado. Por su lado, la mujer quiere el cuerpo con piernas estilizadas y suele trabajar más intensamente los glúteos y la cara interna de las piernas y brazos. En el caso de la mujer, las tendencias son las mismas de siempre. Quizá porque el hombre quiere lo mismo de la mujer desde hace un millón de años, y la mujer ha sido capaz de convencer al hombre de que es mejor estar definido que parecer el «increíble Hulk». Ellas nos han convencido y nos han hecho cambiar nuestras preferencias y objetivos en el aspecto deseado, pero nosotros seguimos pensando en sus glúteos y sus piernas.

LAS MUJERES Y EL EJERCICIO FÍSICO

Juan Rallo, entrenador personal, y Almudena Cid, medallista olímpica, acudieron al programa «Estar Bien» para hablar de su libro *Estupenda en 9 semanas y media* (Ed. Espasa, 2011). Juan Rallo además de ser un entrenador personal eficaz, lo que se puede comprobar con los resultados que alcanzan sus alumnos, tiene en su haber libros para entrenar y obtener resultados. *Ponte en forma en 9 semanas y media* (Ed. Espasa, 2010) y *El método Juan Rallo* (Ed. Espasa, 2012) son guías que te ofrecen cómo entrenar y obtener resultados. En esta ocasión quisieron juntarse para ofrecer algunas claves a las mujeres que quieren entrenar. En esta tarea, contar con la experiencia de una atleta como Almudena facilita profundizar en una capacidad muy importante para realizar ejercicio de manera regular: la motivación. Curiosamente, se piensa que las atletas siempre quieren hacer deporte y tienen la motivación elevada, incluso cuando abandonan la alta competición. La verdad es que lo último que quieren hacer —como me contó Almudena— es deporte nuevamente. Al dejar la alta competición y el entrenamiento intenso, un atleta se convierte en una persona normal, que empieza a sufrir los dolores musculares o articulares ocultos cuando se estaba en forma. Las mujeres tienen más difícil realizar ejercicio físico con éxito, según Juan Rallo, porque la sociedad es más exigente con ellas. En esta idea coincide con el psiquiatra Augusto Cury, que comentaré más adelante. Esta exigencia hace que se frustren antes si no alcanzan los resultados que esperan. Las mujeres, además, luchan contra falsos mitos en mayor proporción que los hombres. Por ejemplo, existen muchas fórmulas de diversos tipos, por ejemplo para disminuir el peso sobrante, que se propagan, se utilizan y se mitifican. Quizá, la falta de tiempo y las prioridades afectan algo más a las mujeres, dependiendo de sus obligaciones y su situación personal. Para tener éxito se deben introducir los cambios de manera progresiva, cada semana, e incluir tanto ejercicios de tipo físico como una dieta adecuada.

ONCE CLAVES PARA ENTRENAR

Acudir al gimnasio es parte del entrenamiento eficaz, pero es muy importante realizar el ejercicio adecuado que más se ajuste a las necesidades de cada uno. Acudir a un centro de *fitness* y no hacer lo correcto, nos hace perder el tiempo. Estos son los consejos que los entrenadores personales proporcionan. Seguirlos es la fórmula para alcanzar los objetivos.

1. Mantén la motivación elevada

El comienzo de todo esfuerzo es la motivación. Es la que te lleva a incorporar al comienzo la práctica del ejercicio. La motivación es especialmente útil cuando empiezas, y luego se verá ayudada por el hábito, que te hace continuar. Incorporar a la rutina de la semana una hora concreta para practicar ejercicio es la clave para seguir un plan eficaz. Cuando los resultados no se alcanzan o se abandona, es que ha faltado la motivación suficiente para llegar al hábito. También puede ocurrir, una vez alcanzado el hábito, que faltemos a nuestros entrenamientos por una situación puntual de trabajo o de otra índole, y no consigamos recuperar la motivación para volver al camino del hábito. Adquirir el hábito cuesta tres meses de trabajo semanal, tres veces por semana. Durante estos tres meses debemos tener la motivación necesaria y ser consciente que ésta se irá y volverá. Para no abandonar, es importante mantener un alto grado de motivación. Como consejo para hacerlo posible, intenta visualizar el resultado que obtendrás, si aún no lo has alcanzado. Si ya estás en forma, lo tienes más fácil, sin duda. Pero no te confíes y sigue trabajando por tus objetivos para sentirte bien y por tu salud.

2. Ten en cuenta las cuatro cualidades físicas

Plantéate unos objetivos realistas a tu capacidad física, porque eso es garantía de éxito. No podemos ser más altos, ni incrementar nuestra masa muscular de forma exagerada. Las cualidades físicas básicas son cuatro: fuerza, resistencia, flexibilidad y *propiocepción*. Esta última deriva del latín *proprio* y es el sentido que nos informa de la posición de los músculos, regulando la dirección y el rango del movimiento. Las cualidades físicas secundarias son las que resultan de la combinación de dos o más cualidades básicas como equilibrio, potencia, coordinación, etc.

Las cualidades físicas siempre se trabajan en conjunto, ya que la falta de desarrollo de alguna de ellas limita al resto. Un corredor de larga distancia debe realizar no sólo entrenamiento cardiovascular, sino también ejercicios de fuerza muscular. Una mujer que desee quemar grasa no sólo deberá realizar ejercicio cardiovascular intenso, sino también tendrá que ejercitar la fuerza muscular.

3. Mantén la continuidad

Se puede realizar un poco de ejercicio, algunas veces por semana, de manera aleatoria y, por ejemplo, hacer fuerza con la máquina que esté libre en este momento. Conseguirás sentirte bien porque irás al gimnasio, pero no estás aprovechando el tiempo. El plan que te recomiende un entrenador tiene en cuenta la repetición de ejercicios y no la aleatoriedad. Para obtener resultados se deben realizar una y otra vez los mismos ejercicios. Tan sólo cuando se está en otro nivel superior de entrenamiento, uno debe pensar en cambiar su rutina, lo que sin duda tendrá en cuenta tu entrenador o el monitor que te vea entrenar en la sala. Tenlo en cuenta y obtendrás, con el mismo esfuerzo, mejores resultados.

4. Trabaja grupos musculares

El cuerpo es un todo y como tal se debe trabajar por grupos musculares. Los ejercicios que hacen trabajar grandes grupos (pectorales más tríceps o dorsales más bíceps) son más eficaces (ahorran tiempo y esfuerzo) que ejercitar, por ejemplo, sólo los bíceps. El entrenador personal te lo explicará con detalle. Cualquier plan que lleves a cabo debe incluir ejercicios de fuerza, cardiovasculares y flexibilidad. Como no nos gusta perder el tiempo, y menos en el gimnasio, debemos buscar entrenamientos específicos con objetivos concretos. El día que escojamos trabajar los pectorales y el triceps (grupo muscular) no es necesario trabajar el dorsal mayor (espalda). El día que debamos realizar cardio y sudar durante cuarenta minutos, no nos agotemos con las pesas.

5. Mejora tu capacidad respiratoria

En reposo, el diafragma es el único músculo que participa en la respiración, ayudando a introducir aire en los pulmones. Cuando nos ejercitamos intervienen además los músculos abdominales, los intercostales e incluso el pectoral menor. La capacidad de cada persona de captar aire y con éste, el oxígeno, se ve mejorada con el ejercicio continuado. Nos ayuda a movilizar más sangre e incrementar la hemoglobina circulante, que transporta el oxígeno a los músculos y al resto del cuerpo. El entrenamiento hace que el corazón fortalezca su musculatura, se incremente de tamaño y sea capaz de movilizar más sangre en cada latido. Por este motivo, un corazón bien entrenado tiene menos pulsaciones en reposo.

Durante el ejercicio aeróbico no se tiene sensación de ahogo porque el ritmo cardíaco es los suficientemente bajo como para mantenerlo durante un tiempo largo. La principal fuente de energía durante el ejercicio aeróbico son las grasas. Por el contrario, durante el ejercicio anaeróbico el oxígeno no es suficiente para quemar las grasas, y la energía se obtiene de las reservas de glucógeno, incrementando la capacidad cardiovascular. Sin embargo, la mejora del potencial cardíaco y pulmonar en el ejercicio anaeróbico te permitirá aumentar los umbrales del ejercicio aeróbico y facilitará que quemes más grasas. Para engañar al cuerpo que no es capaz de aguantar mucho tiempo en ejercicio anaeróbico (respiramos, al fin y al cabo, y utilizamos oxígeno) se recurre al entrenamiento con intervalos, típico de las sesiones de *spinning* o ciclo. No existe el ejercicio aeróbico o anaeróbico puro: siempre son una combinación de ambos, pero con el dominio de una de las dos formas de entrenamiento.

6. Conoce tu umbral de trabajo

Las pulsaciones es una referencia válida para medir el gasto calórico. En el ejercicio cardiovascular (correr, ciclo) es una medida del esfuerzo realizado. El pulsómetro te permite conocer tu nivel de esfuerzo y tu gasto calórico. Conocer tu frecuencia cardíaca máxima (FC Máx) se puede hacer aproximadamente con una fórmula muy sencilla:

FC Máx = 220-edad (para los hombres)

FC Máx = 226-edad (para las mujeres)

Es más recomendable la fórmula publicada en 2001 por Tanaka y col. en el *Journal of the American College of Cardiology*, que no diferencia hombres de mujeres y es más precisa, ya que está pensada para personas sanas que practican ejercicio regularmente. Sin embargo, la diferencia entre ambas fórmulas no es trascendente al calcular la FC Máx (no es superior al 2%):

FC Máx = 208-(Edad × 0,7)

Con este dato sabremos si estamos trabajando en el umbral anaeróbico, que se alcanza al 90% de nuestra FC Máx o si estamos en la zona «quemagrasas» aeróbica que se alcanza con un cómodo 70% de las pulsaciones máximas durante un tiempo largo, claro está.

Así, un hombre o una mujer de cuarenta y cinco años tiene una FC Máx con la fórmula de Tanaka de 176 pulsaciones por minuto (ppm) que representa su 100%. Alcanzar la zona «quemagrasas» se producirá a las 123 ppm, mientras que entrará en el umbral anaeróbico con 158 ppm.

Si no tienes pulsómetro es muy fácil conocer cuando estás en zona anaeróbica (90% de tu FC Máx): cuando te falta oxígeno para hablar con la persona que está a tu lado mientras realizas el ejercicio (correr o una clase de ciclo o *spinning*).

7. El músculo ayuda a adelgazar

La mayoría de las personas tienen atrofia muscular, tienen menos musculatura de la necesaria. Al menos, la mayoría de las personas que no hacen ejercicio muscular regularmente. Tener menos musculatura de la que se debe ocasiona acumulación de grasas al tener un metabolismo bajo. Por ello se debe trabajar regularmente la musculatura. En reposo, el músculo obtiene la mayor parte de la energía que necesita de la grasa. Una musculatura del tamaño y tono adecuado es el mejor aliado para deshacerse de la grasa sobrante, una eliminación que se produce cuando se entrena y cuando se está en reposo, las veinticuatro horas del día.

Quizá seas de esas personas con suerte cuya genética te permite aprovechar muy bien el ejercicio y obtener una respuesta rápida. Si es así, acudiendo un par de veces por semana comprobarás el resultado. Si no es el caso, deberás acudir al menos cuatro veces, o quizá más. Deberás desarrollar el músculo a través de ejercicios de «hipertrofia» o de «fuerza», con la adecuada supervisión, ya que se trata de dos actividades diferentes y complementarias. La «hipertrofia» hace que el músculo crezca de tamaño. Consiste en someter al músculo a ocho o quince repeticiones para que sufra fracturas a nivel de miofibrillas, que producen microrroturas del tejido que, al repararse y recuperarse, crecen un poco por encima de su tamaño previo. Este fenómeno es conocido como supercompensación y puede durar entre tres y cinco días según cada individuo, la intensidad del entrenamiento y el tipo de músculo. Si el músculo no ha descansado de manera adecuada se produce el sobreentrenamiento, y el músculo no crece porque no le dejamos que se repare.

El sistema nervioso actúa sobre el músculo a través de la corriente eléctrica que actúa sobre las fibras; a más intensidad de corriente, más fibras que se contraen a la vez y, por tanto, más fuerza. Se habla de «fuerza» cuando se actúa sobre este sistema: cargas muy altas y muy pocas repeticiones (cuatro como mucho). Este ejercicio desarrolla la inervación del músculo y también facilita que, cuando el entrenamiento sea de «hipertrofia», sea mayor el número de fibras, el número de microrroturas de las miofibrillas. Una vez cada quince días o una de cada cuatro sesiones convendría realizar series cortas, al principio de la sesión y siempre con ayuda para no lesionarse, ya que se trata de llegar al límite máximo de peso que puedes mover.

8. No realices sesiones de más de cuarenta y cinco minutos

Ir el tiempo justo a practicar deporte tiene varias ventajas. Una de ellas es, que al no emplear mucho tiempo, te anima a ir con más frecuencia; recuerda que la motivación era la primera recomendación para conseguir resultados. Si no empleas mucho tiempo en tus sesiones, acudirás más veces, sin duda. Pero existen otras razones más científicas y menos psicológicas. El ejercicio intenso produce cambios hormonales en las glándulas suprarrenales y en los testículos (en el caso de los hombres, claro está), y dichos cambios se manifiestan durante la actividad física y durante la fase de recuperación. Intervienen hormonas como la testosterona (secretada principalmente en los testículos, favorece el desarrollo muscular y tiene una función anabólica) o el cortisol (la hormona del estrés que tiene un efecto catabólico). Con el ejercicio físico intenso y durante la recuperación, la testosterona es retenida, disminuyendo su excreción urinaria por el organismo, para favorecer la recuperación por el entorno anabólico que crea. El cortisol y sus derivados (la hormona del estrés) se incrementan durante el ejercicio, por lo que se recomienda no prolongarlo más de cuarenta y cinco minutos y así evitar la fase de catabolización, ya que los niveles de cortisol en sangre se incrementan de forma considerable tras dicho periodo. En otras palabras, que si prolongas tu sesión más de cuarenta y cinco o cincuenta minutos te estás comiendo el músculo que quieres desarrollar.

9. Dormir es un gran ejercicio

Aunque tú no lo creas, dormir es una de las actividades más beneficiosas para el cuerpo humano, especialmente para los que se muestran activos y realizan ejercicio regularmente. Tus músculos crecerán mejor, tu energía te permitirá entrenar con más ganas. Tu mente resistirá mejor el esfuerzo del ejercicio. Y todo esto te llevará a dormir aún mejor, en un círculo beneficioso. Cuanto más entrenes, más en serio debes tomarte dormir, con objeto de obtener un mejor resultado. Si no descansas bien, no te molestes en hacer mucho ejercicio, porque puedes provocar el efecto contrario al deseado, fruto de la secreción de cortisol, por el estrés asociado a la falta de sueño.

10. Come saludablemente, especialmente si haces ejercicio

En la primera parte de este capítulo hemos hablado de la alimentación. Realizar ejercicio de forma periódica es tan importante como alimentarse adecuadamente para cuidar nuestro cuerpo. Pero hacer ejercicio y alimentarse mal es una pérdida de tiempo y somete a tu cuerpo a un estrés que te pasará factura. Comer menos o en cantidades razonables no es lo mismo que comer mal. No comer en exceso es una buena práctica, pero eso es compatible con una alimentación adecuada.

11. Estira adecuadamente

Al estiramiento se le suele dar menos importancia que al resto de fases del entrenamiento, según me comenta David Martínez, entrenador personal y colaborador del programa «Estar Bien». Se recomienda estirar al final de la sesión, y todos tenemos más ganas de irnos a casa que de estirar. Realizar una breve pero correcta rutina diaria de estiramientos es muy beneficioso. Tiene la ventaja de que se puede hacer de una manera muy fácil en cualquier lugar; en nuestra casa o en el trabajo, sentado o de pie. El estiramiento produce resultados rápidos.

Quince minutos diarios de una buena rutina de estiramientos nos garantiza que nuestra musculatura resiste el paso del día, que corregiremos malos hábitos posturales, y que conseguiremos conciliar el sueño y recuperarnos de una manera más efectiva. Una sesión de estiramiento puede sustituir una sesión de gimnasio si vamos mal de tiempo, y tan sólo requiere de quince minutos y dos metros cuadrados.

No es necesario tampoco un conocimiento exhaustivo del libro *Estirándose* de Bob Anderson, ya que cualquier sesión bien hecha de estiramientos proporciona:

— Descarga de tensión muscular
— Facilita el riego sanguíneo
— Ayuda a eliminar el estrés
— Proporciona un descanso idóneo

El estiramiento es necesario para la musculatura corporal general, ya que elimina tensiones acumuladas por las posiciones mantenidas durante nuestra jornada laboral de horas sentado o de pie, y previene de lesiones asociadas a los malos hábitos posturales. La mitad de las hernias discales son tratadas con rutinas de estiramiento y fortalecimiento de la espalda. No todos los estiramientos son iguales, por ejemplo, si lo realizas antes de hacer cualquier ejercicio, los estiramientos deben ser dinámicos y sin llegar al tope articular, facilitando la puesta a punto. Por el contrario, los estiramientos al final del ejercicio deben ser suaves y profundos, unidos a la respiración, para conseguir la relajación muscular.

La belleza y la salud en las mujeres

Algo tan subjetivo como la belleza, que se percibe de manera tan diferente, no sólo entre las culturas del planeta, sino entre las propias personas, no puede ser el artífice absoluto de la escasa autoestima que padecen, especialmente, las mujeres.

Tuve la oportunidad de entrevistar a Augusto Cury, psiquiatra y autor de *La dictadura de la belleza,* que me explicó que es más frecuente de lo que puede parecer que las mujeres se quieren físicamente poco. Al menos, se quieren menos que los hombres. Las mujeres están sometidas a su propia insatisfacción con diversas partes de su cuerpo. Los datos que aporta este psiquiatra brasileño y *best seller* son contundentes: tan sólo un 2% de las mujeres se sienten guapas, y entre un 70% y 80% reconocen que se visten para los otros. A la hora de quererse, la colección de defectos se incrementa: la insatisfacción con su barriga alcanza a la mitad de las mujeres. Para el caso de los pechos, algo más de un 20% no se siente a gusto con los que tiene. Y la nariz tampoco se libra: una de cada diez mujeres no quiere su nariz. Estos datos muestran que la mujer no está satisfecha con su físico por diversas razones. En esto los hombres muestran una tendencia diferente, los hay que hasta presumen de gran barriga. Cuando tuve la oportunidad de entrevistarle en el programa «Estar Bien», me sorprendió que un autor que aborde un tema tan universal como la dependencia de las mujeres a los arquetipos estéticos (lo que no es una buena noticia para las mujeres), haya vendido más de quince millones de libros en Brasil. Este país es la cuna del culto al cuerpo, de los culos redondeados, las curvas sinuosas, los cuerpos esbeltos, fibrosos y brillantes, y se rinde al aviso del mensaje de Cury sobre la necesidad de ser más auténticas y quererse más.

Se ha creado un patrón tiránico de belleza, una responsabilidad de todas las compañías que venden coches, cosmética, champús, viajes o moda, y que contratan modelos que responden a determinados arquetipos de belleza. El constante bombardeo de la publicidad sobre nuestras mentes consigue imprimirnos unas ideas de belleza. Uno puede ser consciente de que su nariz no es perfecta (que alguien explique bien lo que es una nariz perfecta, que no lo entiendo), o de que le falta algo más de pecho. Pero es fruto de que no somos perfectos, ni mucho menos, y quizá no sea necesario serlo. Aprender a querernos como somos es la primera regla que nos aparta de la dictadura de los patrones de belleza del consumo. Estoy convencido de que muchas modelos quisieran parecerse a ellas mismas cuando salen en las revistas fotografiadas y maquilladas de manera fantástica, y que a la mañana siguiente el espejo les muestra que tienen poco que ver con la persona del reportaje que han realizado. Sin contar con los retoques habituales de *photoshop*. Que los anuncios incluyan modelos de unas medidas determinadas es un debate que se ha llevado hasta las pasarelas. La *Madrid Fashion Week* llegó a un acuerdo en 2006 con la Comunidad de Madrid para evitar las modelos de extrema delgadez, definiendo ésta con el conocido factor IMC (Índice de Masa Corporal, como ya hemos visto, calculado al dividir la altura por el peso al cuadrado) de tal modo que situarse por debajo de 18 ha excluido a algunas modelos de dicha pasarela. Pero no cabe duda que las personas más sensibles a dejarse llevar por estas pautas son las que tienen más posibilidades de tener una autoestima baja, de padecer una falta de autoimagen y de no gozar de buena salud mental.

Si la belleza fuera un valor absoluto, las mujeres más bellas se sentirían muy bien. Pero no es así. ¿A cuántas mujeres realmente bellas conocemos que se encuentran defectos e imperfecciones que las martirizan? Quizás es, paradójicamente, en las mujeres más guapas donde más insatisfacción podemos hallar, y donde la autoestima está más afectada. No hay dos mujeres iguales, no hay dos bellezas iguales, como no hay dos seres genéticamente iguales. Comprender que se es único es una buena forma de apartarse del patrón tiránico de la belleza.

Otra recomendación muy interesante, y a la vez sencilla, es evitar y rechazar los pensamientos negativos. La razón tiene que ver con el RAM (registro automático de memoria) ya que se trata de un sistema que almacena cada pensamiento y la intensidad del mismo. Entretenerse en una idea errónea, como la de un cuerpo defectuoso, llega a imprimirse en nuestro cerebro de una manera tan profunda como lo es la intensidad del pensamiento. Cury no habla de otra cosa que no sea desarrollar funciones mentales complejas, una mente sana que es aquella que se deja dirigir por nuestro yo. De esto tratamos con más profundidad en el capítulo 5 sobre la mente.

La belleza está en los ojos que miran. Es un estado que se siente y que se percibe; se siente en uno mismo y se detecta y percibe en los demás. Por eso percibimos belleza en otras personas que, paradójicamente, no se quieren. Si mirasen con nuestros ojos generosos encontrarían la fórmula de liberarse de sus cadenas.

CAPÍTULO 5

ESTAR BIEN CON TU MENTE

La mente lo es todo. Eres lo que piensas
Siddharta Gautama

Separar el cuerpo de la mente en este libro es tan sólo un ejercicio para abordar ambos campos con la necesaria profundidad, pero conviene destacar que se hayan íntimamente unidos. No sólo abordaremos cómo la mente influye en el cuerpo, sino también la bidireccionalidad de su relación: el cuerpo influye en la mente.

«El cuerpo sigue a la mente como la sombra sigue a la sustancia» decía el maestro de taichi Tung Tsai Liang, quien afirmaba también que esta disciplina es el arte de hacer que la imaginación se vuelva realidad: imaginas y el cuerpo sigue el movimiento. La mente, aunque parezca una obviedad, se encuentra en completa sincronía con el cuerpo, tanto para lo bueno como para lo malo. A lo largo de este capítulo buscaremos las respuestas a la configuración actual del cerebro humano y su evolución en el tiempo. Comprender cómo se ha desarrollado el cerebro primate hasta llegar a alcanzar la actual anatomía humana, es un ejercicio que nos hará reconocer más fácilmente dónde nos hayamos. Las funciones mentales siguen siendo un reto para la neurología y la neuropsicología. Percepción, realidad, el proceso de la toma de decisiones, el instinto o la inteligencia son analizadas en un intento de comprender su naturaleza.

La selección natural diseñó la mente para que fuera un procesador de la información, y en la actualidad percibe, imagina, decide, simula y hace planes. Las ideas que circulan por nuestra mente son evaluadas, debatidas, mejoradas o rechazadas. El vestigio más importante de los primeros seres humanos es la mente moderna, afirma Steven Pinker, un enérgico defensor de la psicología evolutiva.

El cerebro de los mamíferos

En la naturaleza existen animales con cuatro miembros con frecuencia, y una estructura general o común que consiste en ojos, cerebro, orejas... Un plan anatómico similar a los mamíferos. El cerebro también se parece, al menos por fuera, pero cuando lo observamos al microscopio, las diferencias se vuelven más intensas. Una rata tiene unas veinte áreas corticales, pero el cerebro humano tiene alrededor de cincuenta. Los primates se diferencian de otros animales en el número de áreas visuales que tienen, y se observa así un talento digno de mención con la sola vista de su cerebro. En el cerebro del mono domina el área visual, lo que le permite ver en profundidad, una aptitud necesaria para la realización del movimiento prensil de la mano, que es guiada por la vista en la coordinación visomotora.

Nuestro cerebro es unas tres veces mayor que el de un mono o un simio que tuviera nuestro tamaño y complexión. El cerebro humano crece tras el nacimiento y durante un año de manera intensa, completando así el desarrollo fetal. Si siguiera creciendo el resto del cuerpo como lo hace el cerebro en este primer año, mediríamos tres metros y medio y pesaríamos media tonelada.

Aunque el cerebro humano representa tan solo el 2% del peso corporal, recibe el 15% del gasto cardíaco, consume el 20% del oxígeno del cuerpo y utiliza el 25% de nuestra glucosa.

Los cerebros de monos y simios son ligeramente asimétricos, pero el de los hombres permite diferenciar un hemisferio de otro ya que son muy asimétricos: las áreas dedicadas al lenguaje son muy diferentes y pueden distinguirse por su forma en el caso del cerebro humano. Con todo, lo que realmente nos diferencia no es tanto el aspecto morfológico sino las conexiones entre neuronas, los microcircuitos del cerebro humano, del que tenemos una clara falta de información y de conocimiento acerca de cómo funciona, debido a la escasez de voluntarios que deseen donarlos antes de morir. El cerebro sigue siendo un misterio.

La estructura del cerebro y sus capacidades es lo que nos ha permitido en los últimos miles de años que el conocimiento se acumule en un grupo y se transmita a las sucesivas generaciones. Cada vez somos más hábiles en la trasmisión de conocimientos, por eso en los últimos cincuenta años hemos avanzado tecnológicamente más que en los anteriores dos mil años. En definitiva, al margen de la remodelación de nuestro esqueleto, que nos permitió adquirir la postura erguida y manipular objetos con precisión, lo que nos hace seres excepcionales en la naturaleza no es nuestro cuerpo, sino nuestro comportamiento y los programas mentales que lo organizan. Digamos que no es tanto el *hardware* sino el *software* lo que nos hace tan complejos evolutivamente.

En cinco millones de años el cerebro humano ha triplicado su tamaño. No se lo ha tomado con mucha prisa, según dicen los expertos. Nuestros antepasados primates alcanzaron la postura erguida hace entre 4 y 4,5 millones de años. La cara fue perdiendo el aspecto alargado que proporciona el hocico. Los útiles como el cuchillo hicieron que los dientes alargados y especializados abandonaran nuestra mandíbula para suavizar nuestra dentadura, más frágil, pero preparada para las plantas y la carne ablandada por el fuego, más fácilmente comestible. En apenas 600.000 años duplicamos el tamaño del cerebro. El *Homo ha-*

bilis, que puede considerarse «humano» más que mono, tenía un cerebro de entre 500 y 800 centímetros cúbicos de volumen, que creció hasta los 1.100-1.400 centímetros cúbicos del *Homo sapiens* arcaico. Las teorías de que este crecimiento cerebral se debió a la necesidad de utilizar herramientas y al conocimiento técnico necesario no explican satisfactoriamente la evolución. De hecho, complicados mecanismos de cálculo técnico pueden abordarse con ordenadores lo suficientemente complejos. Lo que no se puede hacer es construir un ordenador que tenga emociones, que se relacione y que piense como una persona. Las relaciones sociales han sido, según algunos expertos, la principal razón del incremento de la complejidad del cerebro, y constituyen las operaciones mentales más sofisticadas que podemos llevar a cabo, así como las que más variables manejan.

Los seres humanos contemporáneos aparecimos entre 200.000 y 100.000 años atrás. En algún momento de hace unos 65.000 años la población homínida quedó reducida a unos 10.000 sujetos. Estuvimos en peligro de extinción y acabamos diseminándonos por todo el planeta.

Algunos investigadores hablan de la necesidad sentida. Una jirafa ha desarrollado el cuello largo por el hambre que ha pasado viendo el alimento inalcanzable de los elevados árboles. El cerebro (como órgano) y la mente (como su función) han tenido un papel preponderante en la adaptación de nuestra especie. El ser humano no ha llegado hasta aquí con el axioma darwinista de sobrevivir y reproducirse. La mente humana no ha sabido tan sólo desarrollarse y mejorar con pequeñas mutaciones genéticas, por pequeñas sustituciones aleatorias. Ha sido un proceso paralelo de muchas especies, muchos cerebros diferentes, la mayoría de los cuales se han extinguido por el camino. Y con la genética se transmitían «información» que Richard Dawkins ha bautizado como «meme». Se trata es una unidad elemental de cultura; pueden ser ideas, relatos o pinturas. La palabra se parece a «gen» y también a «memoria». Pasan de un cerebro a otro y también mutan. Estas ideas evolucionan para hacerse más difundibles, más extendibles. Por eso, la selección natural pertenece a todo cuanto puede reproducirse y expandirse, no sólo al ADN. Las ideas tienen propiedades genéticas. Aunque para algunos, las ideas se pueden parecer más a enfermedades contagiosas que pueden provocar epidemias y no a genes que evolucionan mejorando a la vez que se adaptan. Todo es posible.

Evolución y transmisión de conocimiento

El conocimiento transmitido es una causa directa de la evolución. Y dicha transmisión ha ocurrido en el ámbito de la técnica, la cultura y de lo que podríamos llamar «las preguntas y reflexiones que toda mente evolucionada se hace», o dicho de otra forma, la filosofía. Nos produce una cierta sensación de vértigo observar el crecimiento tecnológico moderno. El incremento en la tasa de progreso tecnológico (social y cultural) es posible en ocasiones a través de cambios acelerados. La Ley de Rendimientos Acelerados explica por qué a veces se avanza de forma rápida, como si saltáramos a una órbita de desarrollo superior (los físicos hablarían de un salto cuántico) que nos situaría en un nivel superior de repente. Gerald S. Hawkins fue un astrónomo inglés, famoso por sus hallazgos sorprendentes de las esculturas megalíticas de Stonehenge (Inglaterra), en relación a su disposición circular, capaz de predecir eventos astronómicos. Hawkins definió un término al que llamó «*mindsteps*»: son cambios irreversibles y radicales de los paradigmas o visiones del mundo.

Hawkins identificó cinco *mindsteps* distintos en la historia de la humanidad y la tecnología, que venían acompañados de estas nuevas visiones del mundo: la invención de las imágenes, la escritura, las matemáticas, la imprenta, el telescopio, el cohete, el ordenador, la radio, la televisión... «Cada una de ellas lleva la mente colectiva más cerca de la realidad, una etapa más allá en su comprensión de la relación entre los seres humanos y el cosmos.» Hawkins advirtió: «El periodo de espera entre *mindsteps* se está haciendo más corto». La «ecuación de *mindstep*» de Hawkins cuantificaba esto y daba fechas para futuros *mindsteps*. La fecha del próximo *mindstep* (el quinto de una serie que comienza en 0) se daría en 2021, con dos *mindsteps* más sucesivamente más cercanos, hasta el límite de la serie, en 2053. Sus especulaciones se aventuraban más allá de lo tecnológico:

«Los *mindsteps* [...] parecen tener ciertas cosas en común (una nueva y extendida perspectiva humana; inventos relacionados en el área de las comunicaciones y los memes; y la apertura de un largo periodo de espera hasta el siguiente *mindstep*). De ninguno de los *mindsteps* puede decirse que se haya anticipado verdaderamente y la mayoría se resistieron en sus etapas iniciales. Una mirada al futuro podría, igualmente, pillarnos desprevenidos. Podríamos tener que forcejear con un presente inconcebible, con conceptos y descubrimientos impactantes».

La Ley de Moore y el crecimiento tecnológico

La Ley de Moore expresa que aproximadamente cada dieciocho meses se duplica el número de transistores en un circuito integrado. Se trata de una ley empírica, formulada por el cofundador de Intel, Gordon E. Moore el 19 de abril de 1965, cuyo cumplimiento se ha podido constatar hasta hoy.

En 1965 Gordon Moore afirmó que la tecnología tenía futuro, que el número de transistores por unidad de superficie en circuitos integrados se duplicaba cada año y que la tendencia continuaría durante las siguientes dos décadas.

Más tarde, en 1975, modificó su propia ley al corroborar que el ritmo bajaría, y que la capacidad de integración se duplicaría aproximadamente cada veinticuatro meses. Esta progresión de crecimiento exponencial, duplicar la capacidad de los circuitos integrados cada dos años, es lo que se considera la Ley de Moore. Sin embargo, el propio Moore ha puesto fecha de caducidad a su ley: «Mi ley dejará de cumplirse dentro de diez o quince años —desde 2007—». Según aseguró durante una conferencia, una nueva tecnología vendrá a suplir a la actual.

La consecuencia directa de la Ley de Moore es que los precios bajan al mismo tiempo que las prestaciones suben: un portátil que hace dos años costaba 2.000 euros hoy cuesta alrededor de 600 euros, y en dos años estará obsoleto. En la actualidad todo esto se aplica a los ordenadores personales. En veintiséis años el número de transistores en un chip se ha incrementado 3.200 veces. Sin embargo, cuando se formuló la ley no existían los microprocesadores, inventados en 1971, ni los ordenadores personales, popularizados en los años ochenta.

Crecimiento exponencial de la tecnología

Ray Kurzweil en su ensayo de *La ley de rendimientos acelerados* (2001) extiende la Ley de Moore para describir un crecimiento exponencial del progreso tecnológico. Esta norma describe un patrón de crecimiento exponencial en la complejidad de circuitos semiconductores integrados. Kurzweil extiende esto para incluir tecnologías futuras que distan de los circuitos integrados. Siempre que una tecnología alcance cierto tipo de barrera, según Kurzweil, se inventará una nueva tecnología para permitirnos cruzar esa barrera. Cita numerosos ejemplos del pasado para sostener su aseveración. Romper la barrera del sonido, escapar a la gravedad terrestre e ir a la luna, la energía nuclear... podrían ser ejemplos de tecnologías o avances que han aparecido cuando se agotaba la tecnología, el conocimiento o la utilidad que precedía a dichos hallazgos. Kurzweil predice que tal revolución será cada vez más común, llevando a «cambios tecnológicos tan rápidos y profundos que representarán una ruptura en el tejido de la historia humana». Kurzweil cree que la «ley de rendimientos acelerados» implica que ocurrirá una singularidad tecnológica antes del fin del siglo XXI, hacia 2045.

El ensayo comienza:

«Un análisis de la historia de la tecnología muestra que el cambio tecnológico es exponencial, al contrario de la visión "lineal intuitiva" del sentido común. Así que no experimentaremos cien años de progreso en el siglo XXI, sino que serán más, como 20.000 años de progreso (al ritmo de hoy). Los "rendimientos", tales como la velocidad de los chips y la relación coste-efectividad, también se incrementarán exponencialmente. En el plazo de unas pocas décadas, la

inteligencia de las máquinas sobrepasará la inteligencia humana, llevándonos a la singularidad (cambios tecnológicos tan rápidos y profundos que representen una ruptura en la estructura de la historia humana). Las consecuencias incluyen el surgimiento de inteligencia biológica y no biológica, software inmortal basado en humanos y niveles de inteligencia ultra-elevados que se expandirán hacia el universo a la velocidad de la luz».

En definitiva, la evolución tecnológica se ha disparado y alcanza un crecimiento que es difícil de comprender. Pero aún más difícil resulta entender lo poco que aprovechamos el bagaje cultural y filosófico de la humanidad. La filosofía, contrariamente a lo que una buena parte de las personas piensa, representa una opción mucho más práctica que teórica y da sentido a la vida. No es de extrañar que esté siendo rescatada por numerosos autores que promueven un cambio en el estilo de vida para alcanzar nuestras metas, resurgir tras descubrir nuestra pasión, reinventarse para darnos una segunda oportunidad, querernos más desde el autoconocimiento, flexibilizar nuestra mente, conocer el poder de los hábitos, hallar la serenidad en tiempos de cambio o preguntarle a Platón y experimentar cómo la filosofía puede representar un pequeño paso en tus conocimientos, pero un gran paso en tu felicidad. Varias preguntas surgen de este progreso imparable: ¿Estamos realmente preparados para asimilar este crecimiento tecnológico en el que ya estamos inmersos? ¿Cómo nuestra mente, nuestro comportamiento, asimilará crecer a un ritmo menor al que lo hace la tecnología? ¿Qué puede ocurrir si la mente no es capaz de adaptarse a la velocidad a la que la tecnología avanza? Sin duda, hay más preguntas que respuestas, pero sin crecer psicológicamente, sin buscar estados mentales más elevados y sin la determinación de dominar nuestra mente, la tecnología puede acabar con la vida humana tal y como la entendemos hoy.

Conocimiento para cambiar tu vida

Cualquier filósofo se ha apoyado en el conocimiento de los anteriores, y si vamos muy atrás en el tiempo, vemos que todos interpretan o reinventan en Occidente a Sócrates, Platón y Aristóteles. Pero antes incluso de este trío, Confucio (551-479 a. C.) ya explicaba las ventajas de mantener la fidelidad y la sinceridad como primeros principios, que tienen el poder de la transformación, justo después de que Lao Tsé propusiera actuar según el Tao (el «camino»). Fue Lao Tsé quien afirmó que conocer al otro requiere de inteligencia, pero conocerse a uno mismo es de sabios. Quizás imaginaba la frase que se hallaba escrita en el templo de los Alcmeónidas hacia el siglo VI a. C., destruido por un incendio y reconstruido para convertirse en las ruinas actuales del Templo de Apolo en la isla de Delfos. Dicha frase saludaba a los que entraban en el templo que podían leer: «Conócete a ti mismo». Pero volvamos a China en ese mismo siglo: el viejo maestro (como era conocido Lao Tsé) era archivero en la corte de la dinastía Zhou y era consultado por el mismo Confucio sobre ritos y ceremonias. La búsqueda de la estabilidad en un mundo en cambio constante ya fue preocupación paralela de Oriente y Occidente. La virtud (Te) es posible encontrarla a través del camino (Tao) lo que ha sentado las bases del taoísmo, una filosofía que explica, entre otros autores de una manera magistral, Lou Marinoff (*El Poder del Tao*, Ediciones B, 2011). Los antiguos chinos pensaban que todo era cambio constante: de la noche al día, del verano al otoño o de la juventud a la vejez. Estados que no son opuestos sino que se conectan y fluyen entre ellos. Los males que nos desvían de la virtud, son los mismos que identificaron los antiguos chinos hace 2.600 años: evitar la envidia, la avaricia y la ira. Confucio en Oriente desarrollaba sus teorías en paralelo a Tales de Mileto, Pitágoras o Heráclito en Grecia. Probablemente te suenen ya muchas de estas cosas traídas a nuestros días y aplicadas con mucha maestría por escritores que han conseguido convencer con sus teorías a cientos de miles de seguidores. Pero la esencia de muchas de estas cosas ya estaba inventada. Sin quitarles mérito, en el fondo hacen como la tecnología: se apoya en el trabajo de otros. Siddharta Gautama vivió en la India (563-483 a. C.) y fue conocido más tarde como Buda («el iluminado»). Sus ideas provenían del razonamiento, no de una revelación divina, pero el budismo tiene ese doble componente de religión y filosofía. A Buda no le interesaban tanto las cuestiones metafísicas que preocupaban a los griegos. Buda se centró en el objetivo de la vida, que implicaba analizar los conceptos de virtud, de felicidad o de la vida bien vivida. Esa introspección tan reconocida a la filosofía oriental te permite combatir lo que ocurre a tu alrededor y te aparta de la felicidad. Pero al mismo tiempo te dice: «Feliz aquel que ha superado su ego». Introspección sin creerte el centro del mundo pero sabiendo que eres único y especial. Una cosa y la contraria. Otra vez el cambio constante y el equilibrio entre opuestos. Las tentaciones mundanas son el origen de nuestros males, por lo que Siddharta Gautama decide cortarse el pelo, tras vivir en la opulencia y comprobar que eso no le proporcionaba la felicidad. Que la paz procede de tu interior y no la debes buscar fuera es algo que muchos reconocen, pero pocos consiguen llevarlo a la práctica.

Parece, pues, que en el pasado la filosofía le cambió la vida a mucha gente, y que tal cambio es necesario cuando nos asaltan dudas existenciales o cuando tenemos la sensación de que algo se nos está escapando. Efectivamente, está en la naturaleza del ser humano hacerse preguntas, y quizás eso sea lo que nuestra mente necesita, nuestro verdadero alimento vital.

¿Qué sabemos realmente?

Decía Confucio que lo que se sabe se sabe y lo que no se sabe, no se sabe. Eso era para él la sabiduría. La autoconciencia nos lleva al camino correcto, como el «ahora» nos lleva a vivir el presente y no evadirnos de la consciencia de lo que hacemos en cada instante. El pasado es historia y el futuro es incertidumbre, por lo que debemos vivir el presente. Algunas teorías han desarrollado sus bases en la evasión que se ha intensificado en estos últimos decenios, alarmantemente exacerbada por las nuevas tecnologías. Estamos, pero no estamos. No dedicamos atención a lo que hacemos en algunos momentos, o con quien estamos. Nuestro teléfono móvil suena al entrar un mensaje de alguien que nos dice cualquier cosa, y eso nos hace restar atención a la tarea de estar con otro, que requiere centrarse, requiere el esfuerzo de hacerle saber a nuestro interlocutor que estamos con él o con ella, con todos nuestros sentidos. La sabiduría es tener conciencia del ahora. Ya hemos mencionado lo que decía Michel de Montaigne (1.533-1.592) y que ahora quiero recordar, con la sencillez del que habla de aquello que conoce y experimenta: «Cuando bailo, bailo, cuando duermo, duermo». ¿Acaso no hay mejor manera de vivir de forma plena que centrarte en lo que haces en cada momento?

Sabemos sólo aquello de lo que tenemos consciencia. Decía Aristóteles que el deseo de aprender está en la naturaleza del hombre. Y antes de él, Sócrates afirmaba que la virtud es sabiduría. Hacer lo correcto te aproxima más a la verdadera naturaleza del hombre, y es en esa naturaleza que se alcanza la felicidad. Pero en el conocimiento filosófico son las opiniones contrarias tan frecuentes como las escuelas. Aristóteles confiaba en los sentidos a la hora de buscar pruebas con las que sustentar sus teorías. No así Platón. A partir de nuestra experiencia del mundo, decía Aristóteles, aprendemos las características comunes que hacen que las cosas sean lo que son: la única manera de experimentar el mundo es a través de nuestros sentidos. Por ello cuando 2.000 años después John Locke (1632-1704) afirma que no hay nada en la mente que no haya estado antes en los sentidos, nos damos cuenta de nuestra naturaleza emocional: somos seres emocionales. ¿Es posible que el hombre tenga conocimientos innatos? Locke nos muestra a un niño recién nacido y nos desafía a buscar indicios de que trae muchas ideas con él. El conocimiento del hombre no puede ir más allá de su experiencia, y así se oponía Locke a los racionalistas, que creían en el conocimiento innato. Aristóteles afirmaba que la verdad está en el mundo que nos rodea. Pero para los que crean que el conocimiento de Oriente y Occidente no se conectaron e influyeron, basta con conocer las traducciones que se posibilitaron con el auge del islam en el siglo VII. De esta forma, la filosofía griega se convirtió en una lectura esencial para muchos estudiosos de Oriente Medio, como Avicena o Averroes. En Europa, tuvieron que esperar hasta Boecio para la primera traducción parcial (sólo de la lógica aristotélica) en el siglo VI, y no fue hasta el siglo IX que se tradujo de manera amplia. San Agustín adoptó a Platón y Santo Tomás de Aquino a Aristóteles. Y por indicar cómo uno se apoya en otros, Arthur Schopenhauer (1788-1860) se inspira en Kant y su *Crítica de la razón pura* como punto de partida para sus ideas. Así, el mundo se divide entre lo que percibimos a través de nuestros sentidos (fenómenos) y las «cosas en sí» (nóumenos). Y otra vez volvemos a una idea que no era nueva, la de que el conocimiento está limitado por nuestra propia experiencia: el presocrático Empédocles ya había afirmado que «cada hombre sólo cree en su experiencia». La gran diferencia entre Immanuel Kant y Schopenhauer es que para éste último lo fenoménico y lo nouménico no son dos realidades o dos mundos diferentes, sino el mismo mundo experimentado de manera diferente. Por ejemplo, querer levantar un brazo y el movimiento resultante no están en dos mundos diferentes (fenoménico y nouménico), sino es el mismo hecho experimentado de dos maneras diferentes. Una se experimenta desde dentro y la otra se observa desde fuera. Pero ambos mundos pasan por tu mente.

La transformación de tu mente

Los seres humanos pueden cambiar de vida, cambiando de actitud. El hombre se pregunta con frecuencia por las causas de los acontecimientos que observa, pero todos sin excepción tienen curiosidad y quieren saber las causas de su buena o mala fortuna, decía Thomas Hobbes. Todos los días nos preguntamos algo. Cuando disfrutamos de momentos buenos con una vida placentera y tranquila, pero también cuando las cosas no salen del todo bien. Quizá preguntamos de una manera más profunda cuando la situación es más comprometida. Pero las preguntas que buscamos con más urgencia son las más complicadas de hallar. Una ventaja es que muchas personas nos han precedido en la búsqueda de las respuestas a preguntas que se han formulado. Eso es la filosofía: a los eruditos les permite estudiar ideas abstractas y averiguar su valor intrínseco, mientras que a la gente corriente les ayuda mediante la resolución de problemas cotidianos. Pero si para resolver problemas cotidianos se requiere de sentido común, para resolver problemas más complejos, que tienen que ver con nuestra existencia y nuestra felicidad, se debe tener un sentido común superior. Aprovechar las grandes ideas de los filósofos a lo largo de la historia es algo que ya se hace con mucho éxito; son los consejeros filosóficos actuales, muy reconocidos en Estados Unidos, que complementan la actividad de los psicólogos. La mente cambia cuando se hace las preguntas oportunas.

¿Filosofía o medicina?

La barrera que separa el trastorno de un simple malestar no está clara. Si se tratara de una enfermedad, se le aplicaría una solución médica. Pero ¿qué hacemos cuando un malestar nos inunda? Si acudimos a un médico, puede que nos diagnostique ansiedad o depresión, si acudimos a un psicólogo nos recomendará navegar por nuestra mente en busca de potenciales causas utilizando el psicoanálisis. Y hasta puede que un fisioterapeuta nos diga que lo nuestro es tensión acumulada por cuestiones posturales, cuando nos sentamos en el trabajo durante horas. En el fondo, puede que todos tengan algo de razón. Para saber qué es lo que más te conviene debes practicar una sencilla regla: estás mentalmente sano hasta que no se demuestre lo contrario, y quizá lo que debes hacer es desarrollar algo más tu arquitectura mental para construir tu filosofía de vida.

La neurociencia ha proporcionado adelantos de gran trascendencia en los últimos años, y ha contribuido al alivio o curación de enfermedades o trastornos mentales. Los neurólogos y los psiquiatras tratan con fármacos que han aportado una mejora de la calidad de vida de los pacientes, en trastornos neurodegenerativos como el Alzheimer o el Parkinson, en el trastorno bipolar o en depresiones y ansiedad. Al margen de la eficacia de los tratamientos, el cerebro posee mecanismos para producir sustancias químicas muy beneficiosas, y para que estos procesos benignos se desencadenen es fundamental dominar la mente o, al menos, conocer sus fortalezas y debilidades. De la lectura de autores apropiados que se basan en principios filosóficos se obtienen las bases que se aplican a cada situación a la que nos enfrentamos. De esta forma, la filosofía aplicada se convierte en una herramienta de uso y beneficios cotidianos. Aristóteles le llamó a este concepto «frónesis» o sabiduría práctica. Las circunstancias que nos rodean a cada uno no son siempre modificables, más bien nos vienen dadas. Lo que sí depende de cada uno de nosotros es la interpretación de esas circunstancias. Si interpretamos dichas circunstancias a nuestro favor, seremos más felices. Ahora sabemos que una parte esencial en el dominio de la mente es interpretar los hechos de forma correcta, de la forma que nos sea más beneficiosa.

Una de las recomendaciones que más realizamos los que nos dedicamos a la salud es el autocuidado. Cuando se trata de personas con enfermedades crónicas, cada uno debe saber gestionar tanto su enfermedad o condición como su salud. Un diabético o un asmático no pueden esperar a que el médico se adelante siempre; debe anticiparse a los hechos, seguir los tratamientos, evitar lo que puede empeorar nuestra afección, hacer lo que les beneficia y actuar de manera preventiva. En la salud pasa lo mismo cuando tenemos una enfermedad aguda: identificamos el síntoma y acudimos a la farmacia a por un medicamento sin receta o vamos al médico. De la misma forma, las personas deberían conocerse a sí mismas desde un punto de vista psicológico y así vigilar su malestar emocional. Tenemos nuestra personalidad, hemos adquirido hábitos, tenemos gustos, manías, aversiones y un largo etcétera de aspectos que condicionan nuestra personalidad. Los psicólogos también tienen un papel relevante, como los médicos con la salud del cuerpo, y los neurólogos que se ocupan de la salud del sistema nervioso central, incluido el cerebro. Pero ¿qué hacer cuando somos emocionalmente estables (bueno, con nuestras cosas, porque nadie es perfecto) pero sentimos un malestar por causa de una cuestión que nos turba? La filosofía, encerrada en multitud de libros de mucho éxito, te permite alcanzar la serenidad cuando a tu alrededor hay tormenta. Te permite adquirir la mejor perspectiva, que es la de mantener un pensamiento positivo. Si esto no se consigue, algo que nos turbe durante demasiado tiempo o con mucha intensidad se puede transformar en una enfermedad, y entonces debemos necesitar un médico. Los malestares por las preguntas sin responder, las dudas existenciales, un juicio pendiente, una frustración latente... Muchas cosas pueden afectar a nuestros pensamientos, a nuestra forma de actuar y pueden incidir en la aparición de un malestar físico.

Para ser médico, como para otras cosas, hay que estudiar. En los síntomas menores, como un dolor de cabeza, podemos hasta jugar a ser médicos: nos autodiagnosticamos, y en la farmacia un profesional nos da el medicamento que queremos y que no precisa receta. Pero en las enfermedades necesitamos un médico, o varios especialistas. Y en algunos trastornos mentales, además de un médico, psiquiatra o un neurólogo, podemos precisar de un psicólogo. En cualquier caso, siempre necesitaremos expertos. Lo bueno que tiene la filosofía es que la puedes aprender, y con ello puedes ser tú quien se construya su propio esquema filosófico, adaptado a tus exigencias, porque si te conoces bien, tienes mucho ganado y sabrás qué necesitas. Con las fuentes adecuadas y la inquietud de buscar respuestas, se experimenta no sólo cambios en tu mente y en tu vida, sino también alcanzas la sensación de empezar a comprender, si es que no lo has hecho ya, muchas cuestiones que te planteabas. Así se forma uno su proyecto filosófico de vida.

¿Por dónde empiezo?

La filosofía ha existido siempre, desde antes de la aparición de la escritura. Uno de los grandes filósofos, Sócrates, ni siquiera escribió nada. Pero siempre hay alguien que recoge los pensamientos, los aglutina, los clasifica y los transmite. Para Sócrates, ese fue Platón, que escribió sus «diálogos». La humanidad entera, en Occidente y en Oriente, ha contado con personas que han transmitido, reformado, completado o reinventado sus teorías filosóficas. Karl Jaspers habla de una época que concibió un gran eje alrededor del cual giraba la futura promesa de la humanidad. La Edad Axial se remonta al siglo VI a.C. con Pitágoras en Grecia, Siddharta Gautama en India y Lao Tzu en China. El misticismo racional, el budismo y el tao surgieron de estos tres sabios. Todo lo que necesitamos saber sobre la felicidad, la plenitud, la paz, la prosperidad, el amor, la creatividad, el arte o el buen gobierno puede aprenderse en la Edad Axial. Muchos de los grandes filósofos que han llegado con posterioridad han bebido de la misma fuente que nosotros: la mente de los muy antiguos.

Desarrollo del cerebro

Vamos a ir ahora mucho más atrás de los primeros compases de la historia, cuando se empezaba a intentar responder a las grandes preguntas del ser humano. Nos es más difícil estudiar la mente de nuestros ancestros, pero podemos obtener algunas pistas analizando su cerebro. La evolución del cerebro ha permitido que la mente perfeccione sus funciones: la especie humana es experta en acumular conocimiento y transmitirlo, y la aportación de los genios produce un salto cuántico que toda la especie humana aprovecha.

Nacemos con un número limitado de neuronas. En el fondo no es tan limitado, ya que mantiene la capacidad de establecer nuevos circuitos neuronales, de regenerar las neuronas y de renovar e incrementar las capacidades neuronales. Se calcula que poseemos unos 100.000 millones de neuronas en el cerebro, tantas como estrellas tiene una galaxia como la Vía Láctea, donde está el Sol y nuestro planeta. Pero esa cantidad no es exactamente la misma en todas las personas, ni permanece inalterable a lo largo de toda la vida. Se ha calculado que, aproximadamente, a partir de los treinta años se nos mueren unas 100.000 neuronas cada día. Durante este proceso de envejecimiento el cerebro pierde de 20 a 30 gramos de peso cada diez años hasta los sesenta años.

A partir de esta edad la pérdida es un poco mayor. Al nacer, el cerebro parte de una cantidad de neuronas, con pocas o ninguna conexión entre sí. Cuando aprendemos, los mensajes van de una neurona a otra, una y otra vez. Y con el paso del tiempo el cerebro empieza a crear conexiones entre ellas, una especie de autopistas de comunicación que te permiten desarrollar tu cerebro y tu mente.

Sigue aprendiendo siempre

La mente es la función y el cerebro es el órgano, como hemos dicho. La mente es un conjunto de procesos y funciones del cerebro que nos permite sentir y percibir el mundo en que vivimos, aprender y recordar, tener motivaciones y emociones, dormir y soñar, hablar y comprender y, especialmente, pensar. Pensar es la actividad mental que tiene lugar en ausencia de la propia cosa. Tiene que ver con la imaginación, piensas en algo, lo imaginas y en tu mente se imprimen las sensaciones de ese pensamiento, de eso que imaginas. Los expertos calculan que la imaginación en el ser humano, algo que nos hace realmente únicos y fantásticos en la naturaleza, comenzó hace 40.000 años. Quizás eso fue lo que nos salvó de la extinción, cuando apenas 10.000 homínidos quedaban en la faz de la Tierra sobre esa fecha. No es mucho. Y con su comienzo nuestro proceso evolutivo se aceleró: bajamos de los árboles (en sentido figurado, claro, ya que habíamos dejado los árboles cientos de miles de años antes) y se puede decir que fue entonces, cuando la imaginación nació, que empezamos a ser lo que es hoy el hombre moderno.

En la mente todo está conectado: la estructura y dinámica funcional del cerebro hace que todo esté relacionado e interactúe entre sí. Las emociones influyen en la memoria y es la memoria la que determina gran parte de los sentimientos. También las motivaciones, las percepciones y los sueños influyen en nuestros sentimientos. Por ejemplo, recordamos todo aquello que nos emociona, cuando somos capaces de evocar un recuerdo de algo muy especial, cuando vemos una fotografía, escuchamos una canción o cuando estamos enamorados. De esta forma, el pensamiento sigue al sentimiento que generamos, aunque el proceso inverso también sería posible.

El cerebro crea la mente con las conexiones y descargas electroquímicas de sus neuronas. La mente extrae del medio externo buena parte de la información, y de esa forma el exterior moldea la mente. En los procesos que tienen que ver con captar y emitir información empleamos el 2% de las estructuras cerebrales. La gran mayoría, el 98% restante, se dedica a los procesos mentales internos y nos ofrece una idea de su complejidad. Somos pura interacción y percepción con el medio exterior con tan sólo un 2% de nuestras estructuras cerebrales. Y cuanto más jóvenes somos, más sensibles a esa interacción externa. Por ello es importante que la información que llega a los adolescentes sea la adecuada a cada edad, y sea la que su mente puede comprender, entender y asimilar sin provocar presiones.

Realidad y percepción

La mente humana funciona de tal modo que cuando miramos un paisaje y vemos árboles, tan sólo estamos interpretando ondas electromagnéticas que llegan a nuestro cerebro y nos pintan nuestra realidad del verde de la arboleda. Cuando olemos, sólo captamos partículas que están suspendidas en el aire, pero también sentimos en nuestro cerebro el olor a fabada que tanto nos gusta, en ausencia de dicho plato. A través del aire, las ondas sonoras nos transmiten información que llega hasta nuestro oído, y de ahí viajan a nuestra mente que las interpreta y se transforman en sonidos que reconocemos, como el canto de un pájaro. La inmensa variabilidad del ser humano se explica pensando en la extraordinaria capacidad de algunas personas, como Beethoven, de quien se decía que podía visualizar la música: además de escucharla y sentirla, podía verla. Existen unas drogas derivadas de la *Lophophora williamsii*, comúnmente llamada peyote, un cactus original de México del que se extrae la mescalina (alcaloide de propiedades alucinógenas del grupo de las feniletilaminas relacionada estructuralmente con la droga de síntesis conocida como LSD). Con alguna de estas sustancias psicoactivas se pueden ver los sonidos y escuchar los colores, aunque cueste imaginarse cómo suena el color azul, se trata de algo tan irreal como lo es la interpretación de la mente. Y nuestra mente interpreta todo, porque somos pura percepción.

Por tanto, el mundo que nos rodea no es más que la interpretación de nuestra mente, que no tiene por qué coincidir con la realidad. Este fenómeno de la interpretación, además de dar sentido a nuestra vida, aporta flexibilidad a nuestro comportamiento, ya que te permite escoger la interpretación de los acontecimientos. Esto es lo que nos convierte en seres verdaderamente inteligentes.

Percibe el mundo como quieras

La percepción, como el sentimiento o el pensamiento, parece un mecanismo automático que se dispara sin nuestro consentimiento. A eso que percibimos le damos la categoría de verdad, ya que no parece que sea una elección ver un prado verde. Lo es, sencillamente. No es probable que sea algo sobre lo que podamos elegir. Pero las posibilidades nunca son limitadas, siempre es posible la elección, y eso es precisamente lo que nos ha hecho evolucionar. Por eso, ver siempre nuevas perspectivas es un signo claro de una mente superior, de una mente que no se resigna a lo que cree que es inevitable. Adoptar un estilo de vida que te lleve a decidir qué quieres ver te llevará a subir un escalón en la capacidad de decidir. El físico Max Planck lo dijo muy claro: «Cuando cambies tu manera de ver las cosas, las cosas que miras cambiarán». Es algo así como la teoría de la relatividad de Albert Einstein, en la que el tiempo transcurre de manera diferente entre un observador y un sujeto, en las inmediaciones de la velocidad de la luz. Todo es relativo. Si lo son temas relacionados con la física... ¿Por qué no iban a ser igualmente relativos todo lo que interpreta nuestra mente? ¿Por qué nuestra mente limitada nos debe decir lo que podemos y lo que no podemos hacer? Tu mente te pone a prueba y te dice que no puedes hacer algo, te limita, te avisa de que algo te queda grande... y tú te crees que es así. Lo crees, lo percibes como real. Como el verde prado que viste. Lo primero que debemos hacer es empezar a ver otras posibilidades, otras realidades. Cada posibilidad que no ves, limita tu futuro. Cada nueva posibilidad te abre caminos con nuevas realidades. Hay que modificar las creencias limitantes y revertirlas por aquellas que promueven nuestra evolución.

Veamos un ejemplo. Creemos que hay que evitar los problemas, y en ocasiones los evitamos ya que no le vemos sentido a abordarlos, sencillamente los ignoramos. Para revertir esta situación debemos entender que los problemas no son malos. Sencillamente existen. Nos indican un camino en el que necesitamos crecer, ya que debajo de un problema hay un aliado que se nos unirá con la experiencia y el coraje de haber abordado la situación. Si resuelvo los problemas que surgen en mi camino, nada me apartará de mi ruta de felicidad. Es más, los problemas requieren de mi esfuerzo y concentración en resolverlos, y son más la norma que la excepción. Un mundo lleno de problemas que están ahí para que los resuelva.

Las posibilidades que existen determinan nuestra capacidad de elegir. El prado es verde. No tenemos muchas más opciones. Lo vemos verde. Nuestra mente lo ve verde y ésa es la única opción. Imaginar otras posibilidades nos permite ampliar la capacidad de elección. Imaginarnos realizando un trabajo mejor o teniendo una persona a nuestro lado que nos haga crecer, nos proporciona más posibilidades. Imaginar un futuro diferente, dando rienda suelta a tu capacidad creativa, es otra manera de aumentar las posibilidades de elegir. Los líderes y los emprendedores ven donde otros no ven, porque han incluido más opciones que el resto. Han visto donde el resto no es capaz de ver. Deepak Chopra te propone que ejerzas la responsabilidad de potenciar las creencias, las convicciones que te hacen evolucionar. Dichas convicciones son las que te impiden crecer.

Muchas de las creencias en las que caemos y bloquean nuestro futuro son bastante comunes:

«No soy lo suficientemente bueno»; «me evado para no tener que tomar decisiones difíciles»; «el cambio es casi imposible»; «somos las víctimas del azar», y «eso siempre se ha hecho así y yo no voy a hacerlo de otra manera».

¿Te suenan algunas de estas barreras? Imagina otras posibilidades y haz que tu mente te siga a donde tú quieres ir.

¿Quieres ser más inteligente?

Dirigir tus pensamientos es dirigir tu vida. En el entorno actual todos nos vemos sumidos en tormentas que distraen nuestra atención. La crisis económica, por ejemplo, nos hace invertir un tiempo considerable en hablar de la situación, del desastre económico en el que se ha sumido un país o el vecino. Mientras hacemos eso, perdemos el foco. No nos centramos en los objetivos que nos hemos propuesto, si dirigimos un departamento o una empresa, o si tenemos la responsabilidad de un proyecto o tarea. Al perder el foco en el objetivo, nos dejamos influir por la tormenta exterior, nuestra mente nos hace desviarnos de nuestro objetivo y lo pagamos con el contagio del miedo, nuestros sentidos se centran en la alarma que nuestra mente lleva a primera línea de atención. Kevin Roberts lo dice de una manera muy acertada: «Cuando soplan vientos de cambio, hay que construir molinos, no paredes». Con esto quiero decir que no se debe uno inhibir y abstraer de lo que acontece a su alrededor, no se trata de construir paredes y aislarse, más propio de una estrategia defensiva, un vano intento de protegerse del entorno, sino de no perder el foco o la prioridad marcada, y aprovechar los acontecimientos construyendo molinos de viento, canalizando parte de la energía que los nuevos aires producen.

En conclusión, dirigir nuestra mente es un proceso voluntario o consciente que tiene como sustrato todo un mar de etapas de las que no somos conscientes, pero nuestra mente las procesa, las encadena y utiliza, sacando sus conclusiones en forma de sentimientos, memoria, sensaciones y percepciones. Si a partir de los treinta años perdemos neuronas, una forma de compensar esta pérdida sería estimular las conexiones neuronales, y eso se ha demostrado que siempre se produce, a cualquier edad. Probablemente por esta razón, las personas muy mayores que mantienen una cierta actividad física e intelectual, como hacer tareas, actividades, lectura, pasear y relacionarse, mantienen sus capacidades mentales en mejores condiciones que las que se encierran en sí mismas.

Cultivar la mente y el espíritu, por tanto, te hace crecer. No se trata de una frase. Se trata de mejorar tus funciones mentales, extender las conexiones neuronales y no dejar nunca de hacerte preguntas o de retar a tu mente. De cómo obtener un mayor rendimiento de la mente dejándola en blanco hablamos más adelante, en el apartado de la relajación y su influencia en los procesos mentales y en el cuerpo. En definitiva, una cosa y su contraria (actividad mental intensa y la relajación que nos proporciona meditar) que mantienen un mismo efecto positivo sobre nosotros.

Se podría afirmar que si eres más listo es porque te lo has trabajado. A la herencia genética, que sin duda condiciona nuestras capacidades, se le une lo que hagas con tu mente: cómo la cuides (también cuidando el cuerpo, por supuesto) y cómo la estimules. Tu felicidad depende de todo esto. Pero ten muy presente que tu mente es muy lista, y en ocasiones debes engañarla si quieres ser lo suficientemente habilidoso como para dirigir tu vida, dirigiendo tus pensamientos.

Instinto e inteligencia

El cerebro es un instrumento de precisión que permite a un ser vivo utilizar información para resolver un problema que es consecuencia de su modo de vida. Para una hormiga del desierto de Túnez salir de su morada en búsqueda de esqueletos de otros insectos implica no sólo una resistencia física de hormiga, sino recorrer enormes distancias en direcciones múltiples a la caza de un trozo de exoesqueleto que llevarse entre sus mandíbulas y regresar al hormiguero. Cuando consigue encontrar su premio, el trayecto que sigue de regreso es, simple y llanamente, una línea recta. La hormiga sabe exactamente dónde se encuentra un agujero de un par de milímetros que ha dejado atrás al comenzar a trazar un recorrido aleatorio en busca de algo que marca su modo de vida: alimentarse de los que han sucumbido a las inclemencias del desierto. La hormiga ha medido y almacenado esa información que le permite establecer la dirección y la distancia de regreso al hormiguero. Se trata de un sistema sencillo de programar en un ordenador, pero ¿puede la hormiga realizar los cálculos aritméticos oportunos? No parece que sea posible, pero sí que tiene la capacidad de hacerlo, como hacemos los seres humanos cuando nos orientamos, tomando referencias en un bosque, y conseguimos regresar tras andar en la dirección escogida, conscientemente o de manera involuntaria. Llevar a cabo secuencias aritméticas y lógicas, almacenando y recuperando después los datos, de manera aún más compleja que las hormigas, lo llevan a cabo las aves migratorias.

Los polluelos observan el cielo durante días, reconociendo las posiciones de las estrellas, identificando dónde se encuentra el Polo Norte en el firmamento nocturno. Así descubren el punto alrededor del cual las estrellas parecen moverse, y registran su posición desde diversas constelaciones cercanas. Ese algoritmo especial les permite aprender las referencias que les llevarán durante miles de kilómetros a sus lugares de migración. Los animales tienen un cerebro tan bien diseñado como lo está su cuerpo. Pero creer que la inteligencia es potestad del ser humano es ser demasiado pretenciosos. Los seres vivos tienen la capacidad que requiere su modo de vida. No hay nada que pueda identificarse como inteligencia animal genérica, ya que cada animal ha desarrollado la que precisa para sobrevivir y perdurar. Que los pájaros bobos, unos pavos de un metro de altura, se extinguieran como consecuencia de su estupidez, es tan cierto como que no tenían necesidad de tener alas, atrofiadas por una evolución que les llevó a un exceso de confianza que les exterminó, con la ayuda del hombre. Los descubridores de Madagascar, última morada de esta especie, los mataban a palos mientras que los pájaros bobos no intentaban huir, por no haber tenido necesidad de hacerlo en miles de años de ausencia de depredadores. No eran tan bobos, al fin y al cabo, aunque sí confiados en exceso. Pero nos podemos maravillar de los animales que han llegado hasta este tiempo, y no son menos inteligentes por estar en escalas evolutivas inferiores, sino por no requerir mayores capacidades de las que su evolución ha desarrollado.

Al adentrarnos en la evolución del hombre podemos encontrar respuestas a las numerosas preguntas sobre la mente humana. Y alguna de estas preguntas tiene que ver con la dotación y la capacidad que cada ser humano tiene. ¿Tendrán mayor necesidad de desarrollar todo su potencial las personas que se muestran con mejores dotes mentales? ¿Podemos escoger ser líderes de nuestra vida y desarrollar una mayor capacidad y conocimientos (a través de las redes neuronales)? Debemos estar preparados para encontrar una complejidad oculta en la mente humana, porque todo es posible. No sabemos a ciencia cierta si nuestra capacidad dirige nuestra vida, pero sí podemos afirmar que tenemos capacidades ocultas que sólo pueden aflorar desde nuestro propio deseo de superación. Al final, sigue estando en nuestra mano alcanzar el potencial para el que hemos sido diseñados.

La intuición es una inteligencia

Uno de los temas que más me ha turbado en los últimos años es la intuición. Llamada la «voz del alma» o el «sexto sentido», la intuición se sitúa por encima de la razón, afirmaba Kant. Y es que hablamos de una inteligencia, sin duda, que hace que en unos pocos segundos nuestro inconsciente procese millones de datos, descarte muchos de ellos, y nos lleve a concluir, sin saber por qué, algo. ¿Qué hace que algunas personas sigan su instinto y triunfen? ¿Por qué las mejores decisiones suelen ser las más difíciles de explicar? ¿Por qué un simple vistazo de alguien nos da toda la información, en ocasiones, que nos permite concluir si es una buena persona de la que te puedes fiar? ¿Qué hace que unas personas vean donde otros no alcanzan a ver? Te diré algo: no es cuestión de pensar mucho, sino de pensar de forma diferente; de dejar que el cerebro funcione, que el inconsciente se exprese. El arte de hilar fino, de extraer los pocos factores que importan, nos da la posibilidad de ver lo que otros no ven. De hecho, la mayor parte de los procesos mentales pueden ocurrir tanto de manera inconsciente como consciente, pero los procesos conscientes se basan siempre en componentes inconscientes.

La evolución nos ha dotado de una máquina maravillosa que es la mente, que trabaja de una forma consciente o utilizando el inconsciente adaptativo. Esa capacidad de nuestro cerebro de extraer datos de los que no somos conscientes, pero que los utiliza y nos permite tomar decisiones, es uno de los nuevos campos más excitantes de la psicología. La zona del cerebro que desempeña un papel clave en la toma de decisiones está situada detrás de la nariz, y se llama corteza prefrontal ventromedial. En este pequeño espacio se procesan millones de datos, que se organizan, se relacionan y nos dirigen a las cosas que requieren nuestra atención. Se trata de una especie de mayordomo mental que se ocupa de pequeñas cosas mientras que nuestra consciencia se ocupa de los asuntos más importantes. Investigadores de Iowa dirigidos por el neurólogo Antonio Dámaso han estudiado personas con lesiones en esta zona cerebral, y han demostrado que son sujetos con las capacidades mentales de raciocinio e inteligencia operativas, pero no son capaces de tomar una decisión sobre algo tan sencillo como escoger dos fechas. Un paciente con lesión de la corteza prefrontal ventromedial puede pasarse horas tratando de decidir, enumerando razones por las que una u otra fecha son adecuadas para una simple cita del médico. Sencillamente, carecen de la capacidad de juicio.

Ahora que ya sabemos que hay una zona del cerebro que se ocupa de procesar datos que se almacenan en nuestro inconsciente, intentemos avanzar en la utilidad de potenciar esa habilidad, cuando se tiene. Hay personas más intuitivas que otras, pero todos en mayor o menor medida utilizamos la intuición todos los días. Es importante separar el inconsciente adaptativo del subconsciente definido por Sigmund Freud. Freud identificó el subconsciente como un lugar oscuro ocupado por deseos, recuerdos o fantasías, algunos tan perturbadores que no podemos pensar en ellos de una manera consciente. Pero no hablamos de eso ahora. Nos referimos a la intuición situada por encima de la razón. Cuando atravesamos una calle y una moto se aproxima a nosotros de manera rápida tan sólo reaccionamos y escapamos. En décimas de segundos escogemos una opción, poniendo en marcha un mecanismo que ha permitido que elaboremos juicios muy rápidos a partir de muy poca información. Por tanto, algunos investigadores afirman que pasamos de un modo de pensar consciente a otro inconsciente en función de la situación. Es posible que la cultura de aprendizaje moderna nos haga desconfiar de las decisiones no racionales y que se toman de manera rápida o de una forma impulsiva. Tendemos a menospreciar las decisiones que no se toman tras evaluar muchos datos e invertir mucho tiempo. La parte más racional tiene mejor prensa que la intuición, y esto se explica por la incapacidad de conocer el proceso por el que tomamos las decisiones inconscientes. Algunos autores sostienen que la mayoría de las decisiones que tomamos son inconscientes, y se refieren a la rapidez con la que decidimos si alguien nos cae bien tras conocerle, si una persona nos atrae en unos pocos segundos de observación o diálogo, o la rapidez con que decidimos una compra determinada. Sentimos un impulso y creemos que no hemos pensado al tomar esa decisión y sólo es así en parte: hemos pensado, pero ha sido nuestro inconsciente adaptativo, que ha procesado infinidad de datos, que han facilitado que nuestro yo consciente tome una decisión. En definitiva, debemos ser conscientes (nunca mejor dicho) de que las decisiones adoptadas muy rápido pueden ser tan buenas como las más prudentes y deliberadas. Pero la intuición tiene enemigos en el cerebro: se trata de mecanismos adaptativos que bloquean nuestro inconsciente y relegan la intuición a un segundo plano.

Por ello el peor enemigo de la intuición son los datos racionales que maneja nuestro consciente. Nuestra mente intuitiva puede ser derrotada, distraída o neutralizada, por lo que debemos saber cuándo confiar en nuestro instinto o cuándo evitar que nos lleve a una decisión equivocada.

El poder de saber en apenas dos segundos no es un don mágico al alcance de unos pocos afortunados o superdotados, se trata de una capacidad muy común en las personas, algo que tan sólo debemos potenciar y desarrollar en nuestro favor.

¿Qué nos aporta el instinto?

Me gustaría abordar asuntos de relevancia que hayan sido analizados y contrastados por expertos en la materia. La intuición es para nuestra sociedad una peculiaridad curiosa que nos lleva a «adivinar» cosas cotidianas: cuando conocemos a alguien, cuando decidimos algo de manera rápida... Momentos fugaces que no nos tomamos muy en serio. A años luz de distancia de la Tierra hay muchas preguntas por responder a través de los grandes telescopios, pero conviene darse cuenta de que intentar comprender nuestras decisiones inmediatas puede desbloquear la extraordinaria capacidad de poner a nuestro inconsciente a trabajar. Y es que los bloqueos mentales surgen cuando nuestro instinto nos dice una cosa y los datos conscientes no lo corroboran: en esos casos no solemos hacer caso a nuestro instinto. Debemos darnos cuenta de que una decisión tomada en segundos puede ser tan precisa y válida como la que nos ocupa meses de anotaciones y debates, del mejor análisis racional. Y ahora reflexionemos: si el tiempo es oro, ¿qué valor tendría ser capaces de tomar decisiones en segundos y estimularnos a seguir nuestra intuición? Eso mismo: tendría un valor incalculable.

El instinto no siempre lleva razón

No se trata de magia sino de algo más tangible. Ciertos experimentos llevados a cabo en la Universidad de Washington han analizado las relaciones de más de 3.000 matrimonios. John Gottman ha identificado y codificado veinte categorías de emociones que se producen en una conversación entre un hombre y una mujer que mantienen una relación de pareja. De esta forma, una conversación de unos minutos acaba convertida en una codificación de emociones susceptible de ser analizada. Unos electrodos y sensores conectados a cada pareja nos permiten comprobar las pulsaciones, la temperatura o la inquietud al moverse en el asiento. Con toda esta información, Gottman es capaz de predecir si la pareja estará unida al cabo de quince años, con un 95% de probabilidad. Las matemáticas y la psicología son disciplinas que domina Gottman y que le facilitaron investigar las matemáticas del divorcio. En su planteamiento no parece que haya nada instintivo: se sienta, analiza datos y extrae conclusiones. Pero aporta algo que nos ayuda a comprender la naturaleza de la intuición: en unos pocos minutos tiene la información que necesita, porque hay unos pocos datos que son altamente significativos, unos patrones determinados que son los relevantes y que permiten sacar conclusiones. La «selección de los datos significativos» es lo que hace nuestro inconsciente: todo lo que ha demostrado Gottman de manera consciente, racional y matemática es lo que procesa nuestra mente. Una situación compleja puede reducirse a un puñado de datos, que es lo que nos facilita una toma de decisión intuitiva.

Tomar una decisión personal

Según los expertos, el dato más significativo en la predicción del éxito en una relación de pareja es el desdén. Discusiones tranquilas entre una pareja en la que uno de los dos muestra desdén pueden engañarnos y hacernos creer que se trata de una buena relación. En otros casos, discusiones airadas pueden ser perfectamente compatibles con una relación prolongada (mi consejo es evitar las discusiones airadas en cualquier caso, claro está). Lo que quiero decir es que la intuición puede detectar el desdén y hacernos pensar que no somos felices y que nuestra pareja no se vuelca con nosotros, no respeta nuestra opinión y nos trata con cierto desprecio, con cierta soberbia. Muchas parejas que se separan y cuyo matrimonio no es un infierno, tan sólo cuentan con el desdén como elemento clave y necesario para su ruptura. Algo que el inconsciente adaptativo procesa y te dice que tu relación debe acabar, aunque tú no eres consciente de eso.

Pero también se pueden cometer errores, si la decisión la basamos en elementos que no son significativos pero que nos influyen. Por ejemplo, el aspecto de alguien. Prejuzgar no es utilizar la intuición correctamente, es fijarse en un dato no significativo (la apariencia de alguien) para sacar una conclusión errónea. La intuición apartaría como elemento clave el aspecto e intentaría detectar otras señales que nos mostraran que estamos ante alguien que no es lo que parece. Pero nuestra experiencia nos ha mostrado que el aspecto nos influye y nos revela información que es muy difícil soslayar y dejar de lado. Necesitamos reeducar nuestra capacidad de observar, sin duda.

¿Cómo utilizar la mente?

La reflexión sobre la mente humana nos lleva a establecer cómo se desarrolla y se organiza, cómo es capaz de acumular el conocimiento, de tomar decisiones, de crear, de influir sobre la opinión de otras personas. Pero deberíamos profundizar un poco en cómo utilizamos nuestra mente, y el Premio Príncipe de Asturias 2011 de Ciencias Sociales nos ofrece las claves para ello. Howard Gardner opina que para afrontar los retos que nos depara la vida, deberíamos cultivar las cinco mentes del futuro. La **mente disciplinada** es un tipo de cognición que caracteriza una disciplina académica, un oficio o una profesión. Las investigaciones demuestran que son precisos diez años para dominar una disciplina. Se trata de una mente que trabaja de manera constante a lo largo del tiempo para mejorar las habilidades y la comprensión. Poseer al menos una disciplina te diferencia y te hace menos dependiente de lo que te marquen otros, de las corrientes que te lleven, como una medusa flotando en medio del océano. La **mente sintética** recaba información de fuentes diversas, selecciona dichas fuentes, analiza y procesa la información para ofrecerla a los demás y a sí mismo. A medida que la información se ha multiplicado y acumulado, se requiere de la capacidad de discernir lo que es verdaderamente relevante del resto; se trata de una digestión de lo que necesito saber sobre el tema abordado. Se trata del antídoto contra el exceso de información: la síntesis. La **mente creativa** toma la disciplina y la síntesis que antes hemos mencionado y explora nuevos caminos. Se hace preguntas que no son las habituales, exige nuevas formas de enfocar los asuntos e incluso puede cuestionar lo que se ha hecho de una manera, aunque sea correcta, porque no le basta el «esto siempre se ha hecho así». La mente creativa va por delante de todos. La **mente respetuosa** es capaz de establecer conexiones con todo el mundo, independientemente de sus creencias: es empática y tolerante, porque en esta mente caben todas las respuestas. No prejuzga, y acepta las diferencias entre los individuos o grupos. La intolerancia y la falta de respeto matan la mente en un mundo donde todo se interrelaciona. Y por último, la **mente ética,** que se hace preguntas y reflexiona sobre la naturaleza de la persona, de su trabajo y de los fines y propósitos de todo ser humano. Es una mente que se hace preguntas trascendentales, busca respuestas y trata de mejorar el entorno.

Se trata, por tanto, de fomentar y estimular dichas mentes, para conseguir una sociedad más justa, plural y feliz.

La mente y la salud

De todas las conductas que podemos tener y que condicionan o definen nuestro estado psicológico, hay bastante acuerdo entre los expertos que son las emociones las que ejercen la influencia más poderosa en nuestra salud física. La medicina conductual o la psicología de la salud son la forma actual de referirse a los aspectos psicosomáticos de muchas patologías. En el capítulo 2 de la felicidad ya hemos abordado este tema.

Estudios bien diseñados han puesto de manifiesto que el aislamiento social eleva los niveles de las hormonas que se relacionan con el estrés, como el cortisol, se incrementa la presión arterial y se debilita el sistema inmunitario. Las personas que viven solas y no se relacionan pueden tener más tendencia a contraer infecciones. La medicina conductual también ha demostrado que la depresión incrementa el riesgo de morir por una enfermedad coronaria. El estado emocional parece predecir los problemas de salud. De esto y de muchos hallazgos que comentaremos en breve, se deduce que lo que está en el cerebro influye de manera necesaria en lo que hay en el cuerpo: las emociones tienen consecuencias fisiológicas, y el perfil emocional, los patrones de actividad cerebral de éste, cuenta con sistemas fisiológicos que influyen en la salud y en la enfermedad. Y lo mejor de todo, se trata de un sistema bidireccional: el cuerpo influye en la mente como la mente lo hace en el cuerpo. En otras palabras, el estrés generado te hace enfermar, pero sonreír te ayuda a combatir la enfermedad. Quizás esto no deba sorprendernos tanto, la novedad ahora radica en que es una evidencia muy concluyente, puesto que ya se disponen de estudios que lo corroboran.

Sin embargo, existen en la actualidad muchos más estudios que relacionan la depresión y la salud que otros que analizan la felicidad y la salud. Pero se ha avanzado mucho en este campo: se han establecido relaciones contundentes entre las emociones positivas y la salud. El principal obstáculo era de naturaleza metodológica, ya que mientras que es fácil medir la tensión arterial, es muy complicado obtener una respuesta objetiva sobre lo que siente una persona, sus emociones. Curiosamente, no se trata de que el sujeto a investigar mienta, sino de que muestra datos contradictorios e inestables al ser preguntado por algo tan sencillo como su estado de ánimo. Me refiero a que las emociones deberían ser más estables en el tiempo para ser estudiadas con el método científico y no variar de un día para otro, por ejemplo, influenciadas por aspectos como la lluvia, que puede condicionar nuestro estado de ánimo. La respuesta a la pregunta de cuál es su nivel de bienestar no es la misma en una persona en un día lluvioso que soleado, o tras un día de duro trabajo o de vacaciones. Medir la felicidad ha sido un reto de las investigaciones de la última década. Ha tenido que venir la solución de la mano de un psicólogo que fue Premio Nobel de Economía en 2002 por sus descubrimientos sobre el juicio y la toma de decisiones: Daniel Kahneman, del que ya hemos hablado en el capítulo 2 sobre la felicidad. Lo que ahora podemos hacer es evitar los sesgos sobre la medición de los estados de bienestar subjetivo: podemos medir un estado de ánimo de manera objetiva y correlacionarlo con determinadas condiciones o enfermedades. La mecánica de este tipo de estudios se apoya en las nuevas tecnologías: se le envían mensajes al móvil de la persona que participa en el estudio y debe referir su estado de bienestar respondiendo a preguntas concretas que se van clasificando. Las respuestas responden a un estado de felicidad en un periodo determinado, y evita que dependa de aspectos menos relevantes, como padecer un atasco de tráfico. Con todo, lo que se obtiene son rasgos emocionales, no un estado en concreto. Y es la variación en el tiempo de dichos estados emocionales, la evolución en periodos determinados, lo que se mide realmente. Los estudios se han centrado en potenciales cambios de salud para un rasgo emocional determinado.

Emociones positivas y salud

Existen ya diversos estudios que han correlacionado el beneficio para la salud que tienen las emociones positivas. También en el capítulo 2 hemos comentado algunos. Dos de los expertos más renombrados en psicobiología de la salud, Andrew Steptoe y Michael Marmot, de la University College de Londres, llevaron a cabo un estudio con funcionarios públicos británicos de entre cuarenta y cinco y cincuenta y nueve años de edad. El estudio analizó tres marcadores biológicos relevantes: el ritmo cardíaco, los niveles de cortisol y los niveles de fibrinógeno plasmático. La frecuencia cardíaca baja se asocia con una mejor salud cardiovascular, como en el caso de los atletas. El cortisol o hidrocortisona es una hormona esteroidea, un glucocorticoide que segrega la glándula suprarrenal y cuya liberación controla el hipotálamo. El cortisol se libera como respuesta a las señales procedentes del cerebro como el miedo, estrés, una amenaza inminente o la ansiedad. Este glucocorticoide te prepara para una situación de alarma, posee un potente efecto antiinflamatorio y estimula la descomposición de proteínas y grasas para generar glucosa en el hígado. Sin embargo, cuando se genera de manera innecesaria, como respuesta a una ansiedad crónica de fondo, su acción es devastadora: daña el organismo y llega a matar las neuronas. Los niveles de fibrinógeno en plasma se estudian por su implicación en el incremento del riesgo de padecer enfermedades cardiovasculares y aterosclerosis. Dichos niveles se incrementan en situaciones de estrés y también se asocian con la diabetes y el asma.

Los sujetos estudiados que se calificaron como menos felices tenían niveles elevados de cortisol: un 50% mayores que los que se consideraban más felices. Tras someter a los voluntarios del estudio a situaciones de estrés, los niveles de fibrinógeno en plasma también eran superiores en el grupo formado por los menos felices; sus niveles se situaron doce veces superiores al grupo más feliz. Los datos eran concluyentes: los tres marcadores biológicos analizados se correlacionaban con la felicidad. Pero el estudio avanzó en el tiempo y a los tres años se contactó de nuevo con los más de doscientos voluntarios para evaluar de nuevo sus parámetros fisiológicos, y comprobaron que se confirmaba la evolución en el tiempo: los que tenían los mejores resultados continuaban siendo los que se encontraban en el grupo de los más felices. La felicidad les proporcionaba la protección necesaria.

Otro estudio llevado a cabo por Sheldon Cohen, de la Carnegie Mellon University, se ensayó en más de trescientas personas de dieciocho a cincuenta y cinco años de edad. En este caso se utilizaron mensajes a dispositivos móviles enviados a los sujetos varias veces al día en los que se les preguntaba por su estado de bienestar y se utilizó de nuevo la metodología de Kahneman. Se les tomó lo que se llama el estado de felicidad basal, esto es, los datos iniciales de felicidad y bienestar. Ahora se trataba de comprobar si las personas más felices eran capaces de resistir mejor una infección. Pare ello se les administró un rinovirus, causante del resfriado común. Se les examinó de los posibles síntomas del resfriado, y se pudo comprobar, una vez más, que los participantes con emociones positivas tenían tres veces menos posibilidades de desarrollar los síntomas del resfriado que los que habían comunicado emociones menos positivas. Otro parámetro analizado fue el nivel de interacción social, que también se asoció a una mayor resistencia por parte de los que resultaron más socialmente activos. Sin embargo, la subjetividad también apareció en el estudio, ya que a igualdad de síntomas medidos biológicamente (mucosidad y congestión nasal) los más optimistas describían un estado mejor que los pesimistas, que siempre aludían a su estado mucho más deteriorado.

La longevidad también se ha investigado en varios estudios. Uno que ya hemos mencionado en el capítulo 2 y de gran interés, se realizó gracias a las autobiografías que escribieron en 1930 un grupo de monjas de la congregación religiosa de las Hermanas Educadoras de Notre Dame en Milwaukee. La clasificación detallada de los textos de las mencionadas autobiografías mostró que las monjas con emociones positivas tenían una mayor probabilidad de seguir viviendo pasados los setenta años. Por el contrario, la presencia de emociones negativas no acortaba la probabilidad de vivir menos, por lo que no era factor de riesgo. Sin embargo, alargaron su vida las que resultaron ser más optimistas o felices.

En 2008 se publicó un metanálisis (un resumen analítico de muchos estudios diferentes) que mostró que, tanto en personas sanas como enfermas, el bienestar psicológico o la felicidad estaban relacionados con una mortalidad reducida. El vínculo entre la felicidad y la salud se encuentra sólidamente probado hoy en día. Pero la investigación en este campo sigue abierta, ya que no se ha establecido lo que ocurre en individuos que, sin tener emociones positivas, tienen una ausencia de emociones negativas. ¿Cómo se afecta el estado de salud de estas personas de emociones «planas»? Tiene su trascendencia, ya que en uno de los casos la recomendación podría ser aproximarse al extremo de los optimistas, y mantener las emociones positivas, y en otro caso basta con alejarse de las emociones negativas. Ante la duda, quizás es mejor que te esfuerces en mantener emociones positivas, dado el riesgo de caer en el lado negativo si te mantuvieras neutral. Digamos que te encontrarías más alejado del peligro en el extremo emocional positivo. Otro aspecto que nos debe proporcionar cierta prudencia es que las personas con emociones positivas y optimistas se cuidan más. Estas personas tienen relaciones sociales, duermen las horas que necesitan y realizan ejercicio, todos parámetros asociados a un menor riesgo de muerte prematura o de enfermedad.

Bótox y la conexión cuerpo-cerebro

Decíamos antes que la influencia del cerebro en el cuerpo está claramente demostrada, y resulta ser la más intuitiva, a la vista de nuestra propia experiencia y las investigaciones científicas. El hecho de gran relevancia es que se trata de una vía de comunicación bidireccional, en la que el cerebro es capaz de recoger información del cuerpo, como la que se produce cuando sonreímos, por ejemplo.

El bótox es una neurotoxina que paraliza los músculos y que se utiliza en medicina estética para eliminar las arrugas de expresión, como las que se producen en la frente. Con más de una treintena de músculos en el rostro, la cara nos permite «leer como en un libro abierto», como diría Gustavo Adolfo Bécquer. Nos vamos a centrar en el músculo del enojo, ese que se sitúa en el entrecejo y nos produce la expresión de mirada enfadada que tenemos en ocasiones. Se trata del músculo corrugador superciliar, y si se administra bótox, se relaja y la arruga disminuye o incluso desaparece. Richard Davidson, autor del libro *El perfil emocional de tu cerebro* cuenta que las mujeres que se eliminaron las arrugas del entrecejo tardaron más tiempo en reaccionar a la lectura de frases que pudieran causar enojo u otras emociones. Para ello se midió el tiempo de respuesta, lo que es una práctica habitual en las investigaciones en psicología. Lo que se puso en evidencia con este estudio es que si se privaba de la posibilidad de fruncir el ceño o formar una expresión triste, el cerebro no recibía la señal correspondiente que se enviaba desde la cara. Por esa razón, la respuesta a un estímulo de enfado se retrasaba en las mujeres del estudio con inyecciones de bótox en el entrecejo.

Algunas conclusiones podemos sacar de estas observaciones. ¿Es el bótox un tratamiento eficaz para enfadarse menos? Probablemente no. Pero es posible que ayude a relajar la cara y nuestro cerebro reciba dicha información. El bótox afecta al entorno de la persona que lo utiliza, ya que al eliminar la arruga del enfado y suavizar nuestra expresión, será bien recibido por nuestros interlocutores, que nos verán «más relajados y felices». Para enojarse menos es mejor acudir a otro tipo de técnicas como veremos más adelante. Un ejercicio que, sin duda, se debe practicar con asiduidad es sonreír, cuando uno se encuentra sólo en el coche o delante del espejo. En ese momento, le enviamos una señal a nuestro cerebro y le exponemos a una emoción positiva, influida por la expresión de la sonrisa. No es necesario que te describa ningún nuevo estudio: haz la prueba y comprueba que, tras sonreír, una sensación positiva te invade y a tu mente acuden imágenes y recuerdos positivos. Sonríe, es fácil de conseguir y tiene muchos beneficios.

El estudio del estrés a través del asma

Si tuviéramos que escoger una enfermedad que fuera susceptible de ser estudiada para profundizar en la influencia de los perfiles emocionales y la salud ¿qué escogeríamos? Los requisitos que se planteó Richard Davidson y sus colaboradores, de la Universidad de Wisconsin-Madison, fueron tres: sus efectos biológicos debían ser fáciles de medir y conocidos, con evidencia científica de que los factores psicosociales (como el estrés) tuvieran una influencia determinante en el curso de la enfermedad y, por último, que se tratara de una enfermedad de cierta prevalencia y relevancia para el sistema sanitario asistencial. Y estas tres exigencias las cumplía el asma. Para el estudio se contó con la colaboración de un neumólogo de fama mundialmente reconocida, William Buse, de la misma Universidad que Davidson. El mismo Buse ya había realizado investigaciones acerca de la influencia del estrés en el asma, cuyos síntomas se exacerbaban. El estrés se puede provocar de muchas maneras, y cada uno responde a la misma situación de manera diferente. Sin caer en situaciones extremas, se puede analizar el estado de ánimo en épocas de exámenes y es fácil que el estrés sea un denominador común. Los voluntarios, asmáticos todos, se sometieron dos veces en seis meses a la exposición de alérgenos, un pequeño cóctel de caspa de gato, ácaros del polvo y la esencia de una planta herbácea con polen. De esta forma se les provocó una pequeña crisis asmática, una en condiciones de relax, y la otra en condiciones de estrés, esto es, justo antes de comenzar los exámenes. Cuando una persona asmática inhala un alérgeno, su expectoración contiene moléculas producidas al inflamarse los pulmones. El nivel de estas moléculas antes de los exámenes fue 27% superior que en su ausencia. Aunque las exposiciones a los alérgenos habían resultado idénticas, la reacción inflamatoria fue claramente superior ante el estrés provocado por los exámenes. Se desconoce el mecanismo por el que esto ocurre, pero se sabe que el cortisol tiene algo que ver. Puede sorprender que un potente antiinflamatorio como el mencionado glucocorticoide contribuya a la inflamación teniendo en cuenta su efecto contrario, al ser un potente antiinflamatorio natural. ¿Cómo es posible que se incrementara la inflamación pulmonar en presencia de niveles altos de cortisol provocados por el estrés de los exámenes? La razón es que las células del sistema inmunitario son menos sensibles al cortisol. Aunque el asma lo traten neumólogos o alergólogos, no entra dentro del arsenal farmacoterapéutico estrategias antiestrés para combatir esta enfermedad, pero no cabe duda de que una crisis asmática se puede desencadenar en situaciones especiales de estrés. Y si el asma ya se ha desencadenado, el estrés provoca síntomas más graves.

Se ha demostrado que la resiliencia, o capacidad de resistencia a la adversidad, es sólo una de las dimensiones de los perfiles emocionales que desempeñan un papel clave en el asma. La autoconsciencia tiene su actividad en la ínsula del cerebro, como se ha detectado en un escáner de resonancia magnética nuclear. La autoconciencia nos lleva a reconocer nuestros estados de ánimo, cómo nos afectan, cuáles son nuestras virtudes y nuestros defectos.

La autoconsciencia evita que te preguntes «¿por qué me pasa esto?» ya que sabes lo que te ocurre y las emociones que te embargan, porque te conoces. Eso te permite reconocer tus errores y ponerles remedio. La inteligencia emocional comienza con la autoconciencia.

La corteza insular o ínsula es una región del cerebro situada en la parte profunda de la superficie lateral del cerebro, oculta por la superposición de los lóbulos frontal, parietal y temporal. Se ha demostrado que la ínsula juega un importante papel con el sistema límbico, incluyendo un gran número de emociones básicas como el odio, miedo, disgusto, felicidad y tristeza. Estudios recientes, llevados por Nasyr Naqvy en la Universidad de Iowa, han demostrado que fumadores de tabaco tras sufrir un daño en la corteza insular, por ejemplo por un golpe, ven desaparecida su adicción al tabaco. Esto sugiere un importante papel de la ínsula en los mecanismos neurobiológicos de la adicción a la nicotina y otras drogas y convierte esta área en objetivo para el desarrollo de investigación de nuevos fármacos contra la adicción.

Volviendo a la enfermedad asmática, la hiperactividad en la ínsula podría provocar una disminución de la función pulmonar, lo que sugiere que las personas más autoconscientes pueden resultar más resistentes a padecer crisis asmáticas. De esta forma, podríamos entrenar en técnicas de relajación como método terapéutico para aliviar los síntomas del asma. Si somos capaces de alterar los circuitos neuronales que intervienen en la modulación de la respuesta inflamatoria en el pulmón, la sintomatología asmática debería atenuarse. La meditación afecta a algunos de los circuitos clave que intervienen en el asma. Mediante esta técnica uno contempla sus pensamientos y sentimientos en cada momento sin juzgarlos, observándolos con la perspectiva de una persona ajena. El entrenamiento de la mente en disciplinas que alteren los circuitos cerebrales e incrementen la autoconsciencia puede tener efectos significativos en la salud y en la enfermedad.

Relajar la mente

Obtener un mayor rendimiento de la mente dejándola en blanco se sabe que influye en los procesos mentales y en el cuerpo. Las técnicas de relajación, asociadas o no a disciplinas milenarias o técnicas orientales, son un mecanismo estupendo de regeneración mental. No eres tu mente: eres lo que piensas. Tu mente puede llevarte por caminos que te condicionan, te limitan o incluso te perjudican. Para controlar tu mente y ser libre, debes dirigir tus pensamientos. Ser consciente de la realidad implica un ejercicio de desaprendizaje. ¿Qué es la realidad? Para percibirla se necesita anular el ruido mental que nos aturde y nos impide alcanzar un espacio de quietud. Un verdadero maestro que te anima a alcanzar ese equilibrio que te da el «ahora» es Eckhart Tolle con su libro *El Poder del Ahora*, del que ahora volvemos a hacer referencia. Tolle aclara que el mayor obstáculo para alcanzar y experimentar la realidad son las falsedades de nuestra mente. El gran filósofo Descartes (1596-1650) afirmó «pienso luego existo». Pero el pensamiento no es el ser. Y el acto de pensar no es tu propia identidad. Al menos, no en el hecho de identificar que se piensa mucho y por eso se vive mucho. Más bien al contrario. Pensar todo el rato no te deja vivir el ahora. El pensamiento incesante te convierte en un esclavo, y es necesario liberarse de esas cadenas.

La mente es una máquina increíble, el *software* más complejo que existe. Su correcto uso por parte de cada uno es la llave de la felicidad, de la realización. Pero no es tanto que la usamos incorrectamente, sino que la mente nos utiliza a nosotros, nos dirige. Se apodera de nosotros, como cuando el bisturí se convierte en el cirujano. Como dice mi amigo Gonzalo «no es la flecha, sino el indio». La meditación exige que apaguemos la mente como hacemos con el televisor. La pequeña pantalla nos entretiene e informa, pero no imagino una casa donde no pueda uno estar sin que un televisor se meta en tu vida. Apagar el televisor es lo que debemos hacer con la mente. Apagar los pensamientos y ponernos en el modo en el que nos regeneramos: en blanco. La meditación te permite alcanzar ese estado.

Deepak Chopra nos anima en este intento de meditar para alcanzar la esencia de nuestra conciencia. Meditar es una práctica de beneficios ilimitados. Cuando meditas y alcanzas el nivel de ti mismo, sucede algo mágico. No tienes límites y si pudieras permanecer en ese estado de manera indefinida, alcanzarías la iluminación, un estado de pura conciencia, en el que todas las posibilidades coexisten en cualquier momento. Muy pocos llegan a la iluminación, pero muchos pueden alcanzarlo por momentos, por instantes. Aunque sea durante un instante, alcanzar ese lugar refresca y rehace tu mente, como renace tu piel tras pequeñas inyecciones de vitaminas o la ingesta de verduras y frutas durante tres semanas: tu piel reluce de nuevo. En cierto modo, la filosofía taoísta que explica Lou Marinoff es un poco todo esto. Todo consiste en reconocer pautas y en darse cuenta de que las grandes pautas son la suma de las pequeñas pautas. Por ejemplo, darnos cuenta de las pequeñas cosas que nos irritan, que nos hacen tener momentos de ira, resulta de vital importancia. No saberlas nos lleva a tener un carácter agrio y enojado. No creo que se alcance la felicidad en este estado. Y llegamos a este lugar de infelicidad con frecuencia, como hacemos con el pesimismo continuo: creemos que llegaremos tarde, no conseguiremos el cliente que tanto anhelamos, o que nuestra pareja no está pensando en nosotros y eso nos apena. La pauta de pensar poquitas veces en cosas negativas nos provoca un pesimismo que llega a enraizar en nuestro carácter. Pero si somos capaces de maravillarnos con las pequeñas cosas, disfrutar de los pequeños momentos, tendremos un estado de felicidad consistente.

Conclusiones para estar bien con tu mente

Dominar la mente se anticipa ya como una de las medidas más efectivas para conseguir todos los objetivos que uno se puede plantear, incluido uno muy perseguido por todos, pero menos alcanzado: la felicidad. Relacionemos el «ahora» de Tolle con una interesante idea del genial Montaigne y los pilares que constituyen los pensadores clásicos, en este caso Plutarco y Séneca. Ya en los comienzos de la filosofía como disciplina esencial, les parecía a los grandes pensadores de la Antigua Grecia que la vida tenía múltiples distracciones, que nos apartaban de la serenidad para pensar, para no pensar, o para centrarse en una sola cosa. La cuestión era entonces, y lo sigue siendo ahora, ¿cómo conseguir la paz de espíritu? El consejo de Plutarco era el mismo que el de Séneca: concéntrate en lo que está presente ante ti y préstale atención plena. Montaigne lo decía contando su propia experiencia vital: «Mi vida ha estado llena de terribles desdichas, la mayoría de las cuales nunca ocurrieron». Sin duda, nos preocupamos por el mañana demasiado, y no debería preocuparnos tanto, puesto que eso nos impide disfrutar del momento, del ahora. Por el mismo mecanismo, también caemos en el error de imaginar un futuro negativo: anticipar las desdichas y asustarnos, atormentarnos o preocuparnos por algo que no ha sucedido, como si ya hubiera ocurrido, es una de las cuestiones que más nos pueden afectar, pero también la que más está en nuestras manos resolver. Lo más fácil de solucionar y lo más difícil de adoptar: la técnica de desaprender, de reinventarse, de dejar de lado lo que nos hace sufrir y nos aparta del ahora, del presente, de la vida.

Preocuparse por el futuro hace que te olvides del presente. Y el presente debe ser objeto de nuestra atención porque mejorar el presente es posible, a diferencia del pasado y del futuro que están fuera de nuestro alcance. De hecho, el pasado no existe ya, es pasado y sólo existe en nuestra mente, en el recuerdo. El futuro puede imaginarse, pero tampoco existe: sólo existe el presente. Si es cierto que el futuro puede mejorarse, sólo es posible a partir del presente. De ahí que recomiende encarecidamente que te ocupes del presente, como han hecho muchos filósofos en el pasado y muchos autores renombrados de la actualidad. Aunque sólo sea porque nuestra fuente de saber ha alimentado al ser humano durante miles de años, y en esta tarea se han esforzado algunos de los cerebros más brillantes de la humanidad, haz caso y vive más, vive tu verdad, vive el ahora y el presente.

AGRADECIMIENTOS

A mi madre, por mantener siempre ese espíritu grande que sigue creciendo con el tiempo, y por haberme dado la vida y su significado. Algunas de nuestras conversaciones están reflejadas en este libro.

A mi padre, cuya bondad sigue siendo mi conciencia. Te recordamos todos.

A mis hijos, Cristina, Regina y Eduardo. Verlos crecer es trascender.

A Patricia, que ha sido mi inspiración para escribir sobre el amor y la pareja. El optimismo y la esperanza que se refleja en este libro me lo ha proporcionado ella.

A Eduardo Vizcaíno de Sas, que me animó en la edición de este libro, con su entusiasmo y energía habituales.

A las personas que me han ofrecido su tiempo y han accedido a venir al programa «Estar Bien» para hablar de tantas cosas interesantes, trascendentes y útiles.

A todos los que se hacen preguntas y buscan respuestas.

A los grandes sabios de la humanidad que respondieron a algunas de esas preguntas y me han permitido abordarlas en este libro.

BIBLIOGRAFÍA

Capítulo 1

Las ocho actitudes auténticas para estar bien

Sarah Bakewell. *Cómo vivir. Una vida con Montaigne*. 2010. Ed. Ariel.

Viktor Frankl. *El hombre en busca de sentido.* 1962. Ed. Herder.

Lou Marinoff. *Pregúntale a Platón.* 2003. Ediciones B.

Michel de Montaigne. *Los ensayos.* 2007. Ed. Acantilado.

Laura Rojas-Marcos. *Somos cambio.* 2012. Ed. Temas de hoy.

Arthur Schopenhauer. *El arte de conocerse a sí mismo.* 2006. Alianza Editorial.

Julio Zarco. *Ser y estar sano.* 2010. Ediciones Península.

Capítulo 2

La felicidad y el bienestar como metas

Tal Ben-Shahar. *La búsqueda de la felicidad.* 2011. Alienta Editorial.

Jörg Blech. *El destino no está escrito en los genes.* 2010. Ed. Destino.

Richard Dawkins. *El gen egoísta.* 2002. Ed. Salvat.
Charles Duhigg. *El poder de los hábitos.* 2012. Ed. Urano.
Wayne W. Dyer. *Tus zonas erróneas.* 1978. Ed. Debolsillo Clave.
Howard Gardner. *Verdad, belleza y bondad reformuladas.* 2011. Ed. Paidós.
Daniel Goleman. *Inteligencia social.* 2006. Ed. Kairos.
Lou Marinoff. *El poder del Tao.* 2011. Ediciones B.
Francisco Mora. *¿Está nuestro cerebro diseñado para la felicidad?* 2012. Alianza Editorial.
Tom Rath y Jim Harter. *La ciencia del bienestar.* 2010. Alienta Editorial.
Ken Robinson y Lou Aronica. *El elemento.* 2009. Ed. Conecta.
Bertrand Russell. *La conquista de la felicidad.* 1975. Ed. Debolsillo.
Martin E. P. Seligman. *La auténtica felicidad.* 2002. Ed. Zeta.
Martin E. P. Seligman. *La vida que florece.* 2011. Ediciones B.
Eckhart Tolle. *El poder del ahora.* 1997. Ed. Gaia.

Capítulo 3
El amor y la pareja

Manuel Cruz. *Amo, luego existo.* 2010. Ed. Espasa.
Erich Fromm. *El arte de amar.* 2007. Ed. Paidós.
Richard David Precht. *Amor. Un sentimiento desordenado*. 2009. Ed. Siruela.
Walter Riso. *Amores altamente peligrosos.* 2008. Ed. Planeta/Zenith.
Walter Riso. *Manual para no morir de amor.* 2011. Ed. Planeta/Zenith.
Enrique Rojas. *Remedios para el desamor.* 1990. Ed. Temas de hoy.
Javier Sádaba. *El amor y sus formas*. 2010. Ediciones Península.

Capítulo 4
Tu cuerpo

Bob Anderson. *Estirándose.* 2009. RBA Bolsillo.

Deepak Chopra. *Reinventa tu cuerpo, resucita tu alma.* 2009. Ed. Aguilar Fontanar.
Juan Rallo. *El método de Juan Rallo.* 2012. Ed. Espasa.
Barry Sears. *Grasa tóxica.* 2008. Ed. Urano.

Capítulo 5
Estar bien con tu mente

François Ansernet y Pierre Magistratti. *A cada cual su cerebro.* 2006. Katz Ediciones.
Deepak Chopra. *El alma del liderazgo.* 2011. Ed. Aguilar.
Richard J. Davidson y Sharon Begley. *El perfil emocional de tu cerebro*. 2012. Ed. Destino.
Joshua Foer. *Los desafíos de la memoria.* 2011. Ed. Seix Barral.
Howard Gardner. *Mentes creativas.* 1993. Ed. Paidós.
Howard Gardner. *Mentes flexibles.* 2004. Ed. Paidós.
Howard Gardner. *Las cinco mentes del futuro.* 2007. Ed. Paidós.
Malcolm Gladwell. *Inteligencia intuitiva.* 2005. Ed. Taurus.
Daniel Goleman. *El punto ciego*. 1985. Ed. Plaza Janés.
Daniel Goleman. *Inteligencia emocional.* 1995. Ed. Kairós.
Daniel Kahneman. *Pensar rápido, pensar despacio*. 2011. Ed. Debate.
Ignacio Morgado. *Cómo percibimos el mundo.* 2012. Ed. Ariel.
Edgar Morin. *La mente bien ordenada.* 1999. Ed. Seix Barral.
Steven Pinker. *Cómo funciona la mente*. 1997. Ed. Destino.
Andy Puddicombe. *Atención plena.* 2010. Ed. Edaf.
Luis Rojas Marcos. *Eres tu memoria.* 2011. Ed. Espasa.